高等学校应用技术型经济管理系列教材（会计系列）

高等学校应用型经济管理规划教材
总主编／李雪　主审／徐国君

会计综合模拟实验专用账簿

孙美杰◎主编

学　　院：______________

专　　业：______________

学　　号：______________

姓　　名：______________

启用日期：______________

图书在版编目(CIP)数据

会计综合模拟实验专用账簿 / 孙美杰主编. —上海：立信会计出版社，2019.1

高等学校应用技术型经济管理系列教材. 会计系列

ISBN 978-7-5429-6063-4

Ⅰ.①会… Ⅱ.①孙… Ⅲ.①会计学—高等学校—教材 Ⅳ.①F230

中国版本图书馆 CIP 数据核字(2019)第 016288 号

策划编辑　方士华
责任编辑　郭　光
封面设计　南房间

会计综合模拟实验专用账簿

Kuaiji Zonghe Moni Shiyan Zhuanyong Zhangbu

出版发行　立信会计出版社
地　　址　上海市中山西路 2230 号　　邮政编码　200235
电　　话　(021)64411389　　传　　真　(021)64411325
网　　址　www.lixinaph.com　　电子邮箱　lxaph@sh163.net
网上书店　www.shlx.net　　电　　话　(021)64411071
经　　销　各地新华书店

印　　刷　上海天地海设计印刷有限公司
开　　本　787 毫米×1092 毫米　1/16
印　　张　16.25
字　　数　78 千字
版　　次　2019 年 1 月第 1 版
印　　次　2019 年 1 月第 1 次
印　　数　1—2400
书　　号　ISBN 978-7-5429-6063-4/F
定　　价　54.00 元

总　　序

教材是高校实现人才培养目标的重要载体，教材及教材建设对高校发展具有举足轻重的作用。与培养模式相对应的教材是培养合格人才的基本保证，是实现培养目标的重要工具。由于历史的原因，在财经类教材的出版方面，相关出版社出版研究型本科或者高职高专、中等职业等层次的教材较多，也较成熟，而在应用技术型本科教材出版上比较欠缺，虽然近年来也出版了一些这方面的教材，但总体而言，还是缺乏权威性、普适性、实用性和创新性。造成这种状况的原因主要在于：出版社对财经类应用技术型本科教材的出版还不够重视，没有进行有效的组织；财经类应用技术型本科院校多为新建院校，教材建设相对滞后，主观上也较愿意使用研究型本科教材；在教材使用中存在比较严重的混用现象，教材的目标读者群不明确，如不少教材既适用于研究型本科又适用于应用技术型本科，或者既适用于本科又适用于高职高专。

由于目前应用技术型教材种类和数量匮乏或质量欠佳，应用技术型本科不得不沿用传统研究型教材，比如，东北财经大学会计系列教材（包括《基础会计》《中级财务会计》《管理会计》《高级财务会计》《审计》等），中国人民大学会计系列教材（如《成本会计》），教育部统编教材（如《财务管理》）等国家级规划教材。这些教材本身的质量很好、级别很高，但是并不适用于应用技术型本科的教学，教师和学生普遍反映不好用。即使从全国范围看，也还没有相对成套、成熟的适合应用技术型高校使用的教材，不适应教育教学要求。存在的主要问题包括：①教材的定位和要求较高；②教材的内容多、难度大；③教材着重于理论解释，相关案例、实训等内容较少，缺乏普适性、实用性。所以，需要编写适应学生水平、便于学生接受的应用技术型教材。

我们组织具有多年应用技术型人才培养经验的优秀教师和实务界专家编写了本套系列教材。本套系列教材由《会计基本技能》《基础会计》《中级财务会计》《成本会计》《管理会计》《财务管理》《会计信息系统》《审计学原理》《审计实务》《税法》《经济法》《金融学》等构成。为了保证教材的质量，我们聘请了著名高校的专家、教授对本套系列教材编写进行专门指导和审核。每本教材至少有一名本学科的知名专家或学科带头人提出审核指导意见，有一名高等院校教学一线的高级职称教师参与组织编写，有一名行业协会、实务界专家和教学研究机构人员提出编写建议。

本套系列教材的特色如下。

1. 应用性

应用技术型本科教材应坚持培养应用技术型本科人才的定位，充分吸收和借鉴传统的普通本科教材与高职高专类教材建设的优点和经验，以就业为导向，做到理论上优于高职高专类教材、动手能力的培养上优于传统的本科院校教材。

本套系列教材体现了应用技术型本科的定位，体现了素质教育和"以学生发展为本"的教育理念，遵循了高等教育教学基本规律，重视知识、能力和素质的协调发展，根据应用技术型人才培养模式对学生的创新精神、实践能力和适应能力的要求，在内容选材、教学方法、学习方法、实验和实训配套等方面突出了应用性特征。

2. 针对性

本套系列教材的编写符合会计学、财务管理和审计学专业的培养目标、培养需求、业务规格（知识结构和能力结构）和教学大纲的基本要求，与各专业的课程结构和课程设置相对应，与课程平台和课程模块相对应。本套系列教材在结构的布局、内容重点的选取、示例习题的设计等方面符合教改目标和教学大纲的要求，把教师的备课、试讲、授课、辅导答疑等教学环节有机地结合起来。

3. 先进性

本套系列教材反映了应用技术型会计人才教育教学改革的内容，能够反映学科领域的新发展。本套系列教材的整体规划、每一种教材构造等均体现了实用性和创新性。本套系列教材还强调了系列配套，包括了教材、学习指导书、教学课件等。

4. 基础性

本套系列教材打破传统教材自身知识框架的封闭性，尝试多方面知识的融会贯通，注重知识层次的递进，体现每一门科目的基本内容，同时，在具体内容上突出实际的运用知识的能力，使本套系列教材做到"教师易教，学生乐学，技能实用"。

5. 易于自学性

自学能力的培养是高等教育应该教授给学生的一项基本能力。只有具备了自主学习的能力，才能最终建立起终身学习的保障体系，这也是应用技术型本科人才培养的客观要求。应用技术型高校的生源素质与其他高校相比存在较大差距，除一部分高考发挥失误的学生外，有相当一部分学生在学习习惯、基础知识等方面存在一定的欠缺，这就要求本套系列教材要能调动这部分学生的学习积极性，在理论方面尽量通俗易懂，在实践方面尽量采用案例式教学。为了有利于学生课后自主学习，本套系列教材配套了学习指导书和教学课件。

因此，本套系列教材的定位把握准确，教材的特色明显，适用于应用技术型高等学校教学，容易得到学生和市场的认可，便于学生的自学和教师的教学。

高等学校应用技术型经济管理系列教材（会计系列）凝聚了众多领导、教授和专家多年来的经验和心血。当然，由于我们的经验和人力有限，教材中难免存在不足，我们期待着各位同行、专家和读者的批评指正。我们将随着经济发展和会计环境的变迁不断地修订教材，以便及时反映学科的最新发展和人才培养的最新变化。

李 雪

2019 年 1 月

前　　言

本账簿为“高等学校应用技术型经济管理系列规划教材(会计系列)”之一,具有应用性、针对性、先进性、基础性、易于自学性的特点,既可作为高等财经院校会计类专业教学教材,也可作为提高会计实务操作能力的参考用书。

一、编写意义

为了培养满足中国特色社会主义新时代需要的应用型会计人才,对在校学生开设理论与实践相结合的《会计综合模拟实验(手工实验)》课程具有重大意义,通过会计手工实验的操作,学生能够接触到与实务一致的原始凭证,如销货发票、购货发票、银行电子回单、银行手续费增值税专用发票等,由此学生能够真正了解经济业务的来源,不但能够提高学生实践动手技能、综合分析能力及业财融合能力,而且可以解决大量学生到企业实习不便的问题。为了方便《会计综合模拟实验(手工实验)》课程的教学,特编写了《会计综合模拟实验专用账簿》。本账簿可同系列教材《会计综合模拟实验(手工实验)》一书配套使用,也可以作为实训教材或会计技能大赛的辅助教材。

二、编写思路及内容

本账簿按照会计综合模拟手工实验的程序,重点介绍各程序中相关账簿的填制要求,并提供相关账簿的正确填制样式。主要程序包括:建账并登记期初余额、登记日记账及明细分类账、借助“T”型账户编制科目汇总表、进行试算平衡、根据科目汇总表登记总分类账、将总分类账与明细分类账进行核对、月末结账、编制财务报表等。

三、教材特点

1. 时效性强

2018 年 6 月 26 日,财政部发布了《关于修订印发 2018 年度一般企业财务报表格式的通知》(财会〔2018〕15 号),对《资产负债表》修订新增的“应收票据及应收账款”“其他应收款”“固定资产”“在建工程”“应付票据及应付账款”等项目进行了详细说明;对《利润表》修订新增的“研发费用”“其中:利息费用”“利息收入”“其他收益”等项目进行了说明。本账簿中的财务报表格式均为最新格式。

2. 内容丰富

本账簿对各程序中相关账簿的填制要求进行了重点介绍，并对易错点作进一步强调，让使用者快速回顾相关知识并高效率地进行实践操作。提供了总分类账、库存现金及银行存款日记账、三栏式明细账、数量金额式明细账、多栏式明细账等主要账簿正确的登记样本，让使用者对相关账簿的登记方法一目了然，快速掌握。

3. 创新性

本账簿采用集成合订的方式，将各类账页合理编排、整合为一本，免去了各种账簿零星采购的繁琐工作，减轻了账簿采购部门的工作量和任课教师分发及收回实验资料的工作量。账簿采购部门除了采购本成册账簿外，仅需再采购记账凭证及相应的封面、封底、包角纸以及档案袋即可。

4. 环保节约

账簿在排版上，对总分类账和三栏式明细账进行了调整，节省了纸张、利于环保，更重要的是减轻了学生的经济负担。

5. 便于档案保管

实验结束后，收齐本账簿及记账凭证便构成会计综合模拟实验的成果资料，为指导教师批阅带来便利，使档案保管工作更加简便，解决了以往大量活页账簿给档案保管带来的困难。

由于本账簿采用订本式的装订方法，改变了部分活页账簿的装订形态，可能会给学生造成认知上的误解，需要教师在授课前予以说明。

本账簿由孙美杰主编，韩真真、苏文洁为编者。在编写过程中得到了诸多企业界、金融界及税务机关的专家及朋友的大力支持，在此由衷感谢！

本账簿的编写难免存在考虑不周，表达不妥当的地方，书中疏漏不足之处，敬请读者批评指正。

编　者

2019 年 1 月

目　　录

第1章　实验程序及要求

1.1　建　　账

1.1.1　账簿启用及交接表和目录表

1. 账簿启用及交接表

为了保证会计账簿记录的合法性和资料的完整性，明确记账责任，会计账簿应当由专人负责登记。在不同分类的账簿启用之前需认真填写"账簿启用及交接表"，该表的内容主要包括：单位名称、账簿名称、账簿编号、账簿页数、启用日期、记账人员姓名、复核人员姓名、主办会计姓名、负责人姓名并加盖公章；记账人员或者会计机构负责人、会计主管人员调动工作时，应当注明交接日期、接办人员或者监交人员姓名，并由交接双方人员签名或者盖章。这样做，既是明确有关人员责任的需要，也是提高有关人员的责任感和维护会计记录严肃性的需要。

本实验账簿启用及交接表包括：总分类账账簿启用及交接表、日记账账簿启用及交接表、三栏式明细账账簿启用及交接表、数量金额式明细账账簿启用及交接表、多栏式明细账账簿启用及交接表和应交增值税明细账账簿启用及交接表。

2. 目录表

一般位于账簿启用及交接表的背面，用来记录各类账簿所涉及科目的编号、名称和页码。

本实验账簿目录表包括：总分类账账簿目录表、日记账账簿目录表、三栏式明细账目录表、数量金额式明细账目录表、多栏式明细账目录表、应交增值税明细账目录表。

3. 账簿启用及交接表和目录表填列样式

账簿启用及交接表

单位名称	中国琴岛家居用品有限公司	印鉴
账簿名称	库存现金日记账 （第 1 册）	中国琴岛家居用品有限公司
账簿编号	第01本	
账簿页数	本账簿共计 40 页（页数检点人盖章 ）	
启用日期	公元 2019 年 01 月 01 日	

经管人员	负责人		主办会计		复核		记账	
	姓名	盖章	姓名	盖章	姓名	盖章	姓名	盖章
	孙晓霞	孙晓霞	于慧军	于慧军	于慧军	于慧军	钱丽	钱丽

交接记录	经管人员		接管				交出			
	职别	姓名	年	月	日	盖章	年	月	日	盖章

备注	

目　录

1.1.2 建立总分类账

1. 建立总分类账需注意的事项

需建立 2019 年 01 月份实验公司的总分类账账簿，应认真填写“账簿启用及交接表”和“总分类账目录”信息，建立总分类账时，应注意以下事项：

(1) 对于有期初余额的总分类账，由于实验企业为 2019 年 01 月份的业务，因此新的一年建账时，应在首行“摘要”栏书写“上年结转”，并准确登记“方向”及“金额”。

(2) 对于损益类账户，由于在上期期末已将余额结转至“本年利润”科目，因此本期期初无余额，所以只需在总分类账账页增加此总账账户，无需在首行“摘要”栏处写“上年结转”，无需在“金额”栏处写“0”，如“主营业务收入”“财务费用”等总账账户。

(3) 对于除损益类账户之外的其他总分类账户，如果上年末无余额，例如“应收票据”，则只需在总分类账账页中增加此总分类账账户，可以不在首行“摘要”栏处写“上年结转”，无需在“金额”栏处写“0”。

(4) 对于“制造费用”总分类账账户，由于上期属正常经营状态，因此在上期期末已将余额结转至“生产成本”等账户，因此本期期初无余额，无需在首行“摘要”栏处写“上年结转”，无需在“金额”栏处写“0”。

2. 建立总账的账户明细

序号	科目代码	科目名称	序号	科目代码	科目名称
1	1001	库存现金	8	1231	坏账准备
2	1002	银行存款	9	1403	原材料
3	1012	其他货币资金	10	1405	库存商品
4	1101	交易性金融资产	11	1409	半成品
5	1121	应收票据	12	1411	周转材料
6	1122	应收账款	13	1481	持有待售资产
7	1221	其他应收款	14	1601	固定资产

（续表）

序号	科目代码	科目名称	序号	科目代码	科目名称
15	1602	累计折旧	37	5101	制造费用
16	1603	固定资产减值准备	38	5301	研发支出
17	1604	在建工程	39	6001	主营业务收入
18	1606	固定资产清理	40	6101	公允价值变动损益
19	1701	无形资产	41	6111	投资收益
20	1702	累计摊销	42	6115	资产处置损益
21	1901	待处理财产损溢	43	6301	营业外收入
22	2001	短期借款	44	6401	主营业务成本
23	2201	应付票据	45	6403	税金及附加
24	2202	应付账款	46	6601	销售费用
25	2203	预收账款	47	6602	管理费用
26	2211	应付职工薪酬	48	6603	财务费用
27	2221	应交税费	49	6701	资产减值损失
28	2231	应付股利	50	6711	营业外支出
29	2232	应付利息	51	6801	所得税费用
30	2241	其他应付款			
31	2501	长期借款			
32	4001	实收资本(股本)			
33	4101	盈余公积			
34	4103	本年利润			
35	4104	利润分配			
36	5001	生产成本			

3. 总分类账建账样式

总分类账

会计科目 应收票据

2019年		凭证号数	摘要	√	借方										贷方										借或贷	余额									
月	日				千	百	十	万	千	百	十	元	角	分	千	百	十	万	千	百	十	元	角	分		千	百	十	万	千	百	十	元	角	分
01	01		上年结转																						借			8	6	7	6	8	0	0	0

总分类账

会计科目 主营业务收入

2019年		凭证号数	摘要	√	借方										贷方										借或贷	余额									
月	日				千	百	十	万	千	百	十	元	角	分	千	百	十	万	千	百	十	元	角	分		千	百	十	万	千	百	十	元	角	分

1.1.3 建立日记账

1. 建立日记账需注意的事项

需建立 2019 年 01 月份实验公司的日记账账簿,需认真填写“账簿启用及交接表”和“目录”信息,并填写各日记账账户的期初余额。建立日记账时,应注意以下事项:

(1) 需建立库存现金日记账、银行存款日记账,将上年余额记入余额栏内,新的一年建账时,应在首行“摘要”栏书写“上年结转”,并准确登记“方向”及“金额”。

(2) 银行存款日记账:由于实验公司有 4 个银行账户,因此需分别按开户行建立银行存款日记账。

2. 建立日记账的账户明细

序号	科目名称
1	库存现金
2	银行存款——中国建设银行山东路支行(6991)
3	银行存款——中国银行青岛市南支行(2282)
4	银行存款——中国农业银行青岛市南区支行(6681)
5	银行存款——招商银行股份有限公司青岛分行营业部(8723)

3. 日记账建账样式

库存现金日记账

2019年		凭证号数	对方科目	摘要	√	收入（借方）金额										付出（贷方）金额										结余金额									
月	日					千	百	十	万	千	百	十	元	角	分	千	百	十	万	千	百	十	元	角	分	千	百	十	万	千	百	十	元	角	分
01	01			上年结转																									5	4	6	0	0	0	0

银行存款日记账

开户行：中国建设银行山东路支行

账　号：622375696991

2019年		凭证号数	对方科目	摘要	√	收入（借方）金额										付出（贷方）金额										结余金额									
月	日					千	百	十	万	千	百	十	元	角	分	千	百	十	万	千	百	十	元	角	分	千	百	十	万	千	百	十	元	角	分
01	01			上年结转																								5	7	2	8	6	1	3	2

1.1.4 建立三栏式明细账

1. 建立三栏式明细账需注意的事项

需建立 2019 年 01 月份实验公司的三栏式明细账账簿，需认真填写“账簿启用及交接表”和“目录”信息，并填写各三栏式明细账账户的期初余额。建立三栏式明细账时，应注意以下事项：

(1) 三栏式明细账建账需建至账户的末级科目，如“应收账款——青岛利群商贸股份有限公司”。

(2) 对于有期初余额的三栏式明细账，新的一年，应在首行“摘要”栏书写“上年结转”，并准确登记“方向”及“金额”。

(3) 对于损益类账户，由于在上期期末已将余额结转至“本年利润”科目，因此本期期初无余额，所以只需在三栏式明细账账页增加此三栏式明细账账户，不需在首行“摘要”栏处写“上年结转”，不需在“金额”栏处写“0”，如“主营业务收入——烤花水晶玻璃醒酒器”“营业外支出——罚款支出”等三栏式明细账户。

(4) 对于除损益类账户之外的其他三栏式明细账账户，如果上年末无余额，例如“其他应收款——备用金——采购部门”，则只需在账页中增加此三栏式明细账账户，可以不在首行“摘要”栏处写“上年结转”，不需在“金额”栏处写“0”。

2. 建立三栏式明细账的账户明细

资产类三栏式明细账

序号	明细科目	
1	其他货币资金	存出投资款
2		保证金存款
3	交易性金融资产	海浪股份(成本)
4		海浪股份(公允价值变动)
5		中林股份(成本)
6		中林股份(公允价值变动)
7	应收票据	应收银行承兑汇票——北京大商集团股份有限公司

（续表）

序号	明细科目	
8	应收账款	青岛利群商贸股份有限公司
9		青岛万象商贸股份有限公司
10		上海百联集团股份有限公司
11	其他应收款	备用金——采购部
12		备用金——销售部
13		刘娜
14		孟子轩
15		钱丽
16		任亮
17		孙晓霞
18		张建文
19	坏账准备	
20	持有待售资产	
21	固定资产	房屋建筑物
22		机械设备
23		工具、器具、家具
24		运输工具
25		电子设备

（续表）

序号	明细科目	
26	累计折旧	
27	固定资产减值准备	
28	在建工程	
29	固定资产清理	
30	无形资产	专利权——实用新型：快速过滤醒酒器
31		专利权——"U-1"型醒酒器外观设计
32		商标权——"琴岛图形"商标
33		土地使用权——土地使用权
34		其他——用友 ERP 财务软件
35	累计摊销	实用新型：快速过滤醒酒器
36		"U-1"型醒酒器外观设计
37		"琴岛图形"商标
38		土地使用权
39		用友 ERP 财务软件
40	研发支出	
41	待处理财产损溢	待处理流动资产损溢

负债类三栏式明细账

序号	明细科目	
42	短期借款	中国银行青岛市南支行
43	应付票据	佛山华盛玻璃制品有限公司
44	应付账款	山东淄博昌盛玻璃制品有限公司
45		山东淄博春林纸箱制品有限公司
46		南京东鑫橡胶制品有限公司
47		广州德瑞不锈钢制品有限公司
48		无锡秀树玻璃制品有限公司
49		北京超凡印务有限公司
50		青岛艺家印刷包装制品有限公司
51		河南信阳创新不锈钢制品有限公司
52		天津长恒包装制品有限公司
53		山东潍坊欣华玻璃制品有限公司
54		山东高密祥泰纸箱制品有限公司
55	预收账款	广州长青商贸股份有限公司
56	应付职工薪酬	工资
57		职工福利
58		社会保险费
59		住房公积金

（续表）

序号	明细科目	
60	应付职工薪酬	工会经费
61		职工教育经费
62		非货币性福利
63	应交税费	未交增值税
64		应交企业所得税
65		应交城市维护建设税
66		应交教育附加费
67		应交房产税
68		应交土地使用税
69		应交车船使用税
70		应交个人所得税
71		应交水利建设基金
72		应交环境保护税(大气污染物及水污染物)
73	应付股利	诚信股份有限公司
74		东岳股份有限公司

（续表）

序号	明细科目	
75	应付利息	中国银行青岛市南支行
76	其他应付款	个人承担社会保险
77		个人承担住房公积金
78	长期借款	中国银行青岛市南支行(本金)
79		中国银行青岛市南支行(应计利息)

所有者权益类及其他类三栏式明细账

序号	明细科目	
80	实收资本	诚信股份有限公司
81		东岳股份有限公司
82	盈余公积	法定盈余公积
83		任意盈余公积
84	本年利润	
85	利润分配	未分配利润
86		提取法定盈余公积
87		提取任意盈余公积
88		应付股利
89	主营业务收入	烤花水晶玻璃醒酒器
90	公允价值变动损益	
91	投资收益	

（续表）

序号	明细科目	
92	资产处置损益	
93	营业外收入	罚没收入
94	主营业务成本	烤花水晶玻璃醒酒器
95	税金及附加	
96	资产减值损失	
97	营业外支出	罚款支出
98		非流动资产毁损报废损失
99		捐赠支出
100	所得税费用	

3. 三栏式明细账建账样式

主营业务收入明细账

二级科目：烤花水晶玻璃醒酒器

三级科目：

2019年		凭证号数	摘要	√	借方											贷方											借或贷	余额										
月	日				千	百	十	万	千	百	十	元	角	分	√	千	百	十	万	千	百	十	元	角	分	√		千	百	十	万	千	百	十	元	角	分	√

应收账款明细账

二级科目：青岛利群商贸股份有限公司

三级科目：

2019年 月	日	凭证号数	摘要	√	借方（千百十万千百十元角分）	√	贷方（千百十万千百十元角分）	√	借或贷	余额（千百十万千百十元角分）	√
01	01		上年结转						借	7 8 8 8 0 0 0 0	

1.1.5 建立数量金额式明细账

1. 建立数量金额式明细账需注意的事项

建立 2019 年 01 月份实验公司的数量金额式明细账账簿，需认真填写“账簿启用及交接表”和“目录”信息，并填写各数量金额式明细账账户的期初余额。建立数量金额式明细账时，需在“余额”列登记“单价”“数量”“金额”信息。

2. 建立数量金额式明细账的账户明细

序号	科目编码	明细科目
1	1403	原材料
	140301	主要材料
	14030101	水晶玻璃醒酒器光瓶
2	14030102	不锈钢盖
3	14030103	硅胶密封圈

（续表）

序号	科目编码	明细科目
4	14030104	水晶槽
5	14030105	烤花花纸
6	14030106	精致礼盒
7	140302	辅助材料
	14030201	胶带
8	14030202	气泡膜
9	14030203	塑料袋
10	14030204	防潮珠干燥剂
11	14030205	透明不干胶贴
12	1411	周转材料
	141101	包装物
	14110101	包装箱
13	141102	低值易耗品
	14110201	周转塑料托盘
14	14110202	工作服
15	14110203	修理工具
16	14110204	手套
17	1409	半成品
	140901	自制半成品
	14090101	烤花水晶玻璃醒酒器光瓶
18	1405	库存商品
	140501	烤花水晶玻璃醒酒器

3. 数量金额式明细账建账样式

原材料明细分类账

明细科目：水晶玻璃醒酒器光瓶

类　　别：主要材料　　　　最高存量________　最低存量________　计量单位________只　　　　存放地点：原材料库

2019年		凭证		摘要	借方												贷方												余额											
					数量	单价	金额										数量	单价	金额										数量	单价	金额									
月	日	种类	号数				千	百	十	万	千	百	十	元	角	分			千	百	十	万	千	百	十	元	角	分			千	百	十	万	千	百	十	元	角	分
01	01			上年结转																									3 000	60.00			1	8	0	0	0	0	0	0

1.1.6　建立多栏式明细账

1. 建立多栏式明细账需注意的事项

建立 2019 年 01 月份实验公司的多栏式明细账账簿，需认真填写“账簿启用及交接表”和“目录”信息，并填写各多栏式明细账账户的期初余额。建立多栏式明细账时，需注意以下事项。

(1) 对于有期初余额的多栏式明细账，新的一年，应在首行“摘要”栏书写“上年结转”，并按各费用项目登记“金额”，如“生产成本——基本生产成本——(烤花车间)烤花水晶玻璃醒酒器光瓶”。

(2) 对于损益类账户，由于在上期期末已将余额结转至“本年利润”账户，因此本期期初无余额，所以只需在多栏式明细账账页增加此多栏式明细账账户，无需在首行“摘要”栏处写“上年结转”，无需在各费用项目“金额”栏处写“0”，如“管理费用”“销售费用”等多栏式明细账户。

(3) 根据费用项目的数量，多栏式明细账又可分为八栏和十六栏式，如“生产成本”账户可采用八栏式，“管理费用”账户可采用十六栏式。

(4) “应交税费——应交增值税”账户采用借贷方多栏式的专用账簿。按本期期初的金额填列至各项目栏中。

2. 建立多栏式明细账的账户明细

序号	账　户	备注
1	销售费用	十六栏式
2	管理费用	
3	财务费用	八栏式
4	生产成本——基本生产成本——(烤花车间)烤花水晶玻璃醒酒器光瓶	
5	生产成本——基本生产成本——(组装车间)烤花水晶玻璃醒酒器	
6	制造费用——烧花车间	
7	制造费用——组装车间	

3. 多栏式明细账建账样式

制造费用明细账

二级科目：烤花车间

三级科目：

2019年		凭证号数	摘　要	劳动保护费	办公费	财产保险费	差旅费	职工薪酬	水电费	折旧费
月	日			百十万千百十元角分	百十万千百十元角分	百十万千百十元角分	百十万千百十元角分	百十万千百十元角分	百十万千百十元角分	百十万千百十元角分

生产成本明细账

二级科目：基本生产成本

三级科目：（烤花车间）烤花水晶玻璃醒酒器光瓶

2019年 月	日	凭证号数	摘要	直接材料	直接人工	制造费用					
				百十万千百十元角分	百十万千百十元角分	百十万千百十元角分	百十万千百十元角分	百十万千百十元角分	百十万千百十元角分	百十万千百十元角分	百十万千百十元角分
01	01		上年结转	24920000	1730000	1460000					

销售费用明细账

2019年 月	日	凭证号数	摘要	1 办公费	2 职工福利	3 广告费	4 展览费	5 物业费	6 差旅费	7 运输费
				百十万千百十元角分	百十万千百十元角分	百十万千百十元角分	百十万千百十元角分	百十万千百十元角分	百十万千百十元角分	百十万千百十元角分

销售费用明细账

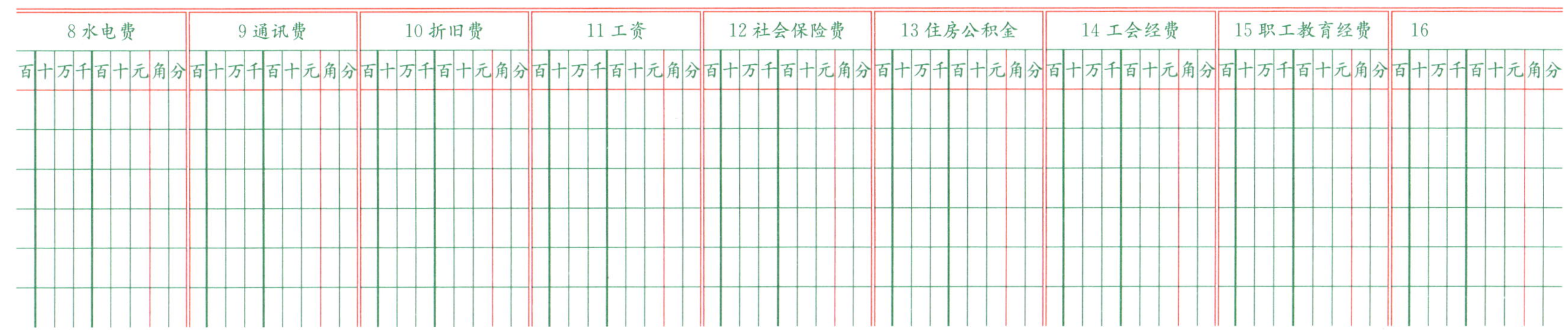

8 水电费	9 通讯费	10 折旧费	11 工资	12 社会保险费	13 住房公积金	14 工会经费	15 职工教育经费	16
百十万千百十元角分	百十万千百十元角分	百十万千百十元角分	百十万千百十元角分	百十万千百十元角分	百十万千百十元角分	百十万千百十元角分	百十万千百十元角分	百十万千百十元角分

在实验公司 01 月经济业务中新涉及的相关账户，则应在实际发生时，随时对新增账户进行建账。

1.2　记账凭证的编制

1. 根据经济业务内容和原始凭证，编制记账凭证。

实验公司的记账凭证类型包括以下 7 种，并按各凭证类型分别从“1”进行顺序编号：

(1) 现金收款凭证　　　　现收 1、现收 2、现收 3……
(2) 现金付款凭证　　　　现付 1、现付 2、现付 3……
(3) 银行存款收款凭证　　银收 1、银收 2、银收 3……
(4) 银行存款付款凭证　　银付 1、银付 2、银付 3……
(5) 其他货币资金收款凭证　币收 1、币收 2、币收 3……
(6) 其他货币资金付款凭证　币付 1、币付 2、币付 3……
(7) 转账凭证　　　　　　转 1、转 2、转 3……

2. 在编制记账凭证时，需准确填写以下项目：日期、凭证类型及编号、摘要、总账科目、明细科目、借方金额、贷方金额和附单据张数。另外，借方及贷方的合计金额前需加“¥”、空行空格划线注销、相关岗位人员需盖章确认等。

3. 记账凭证的样式

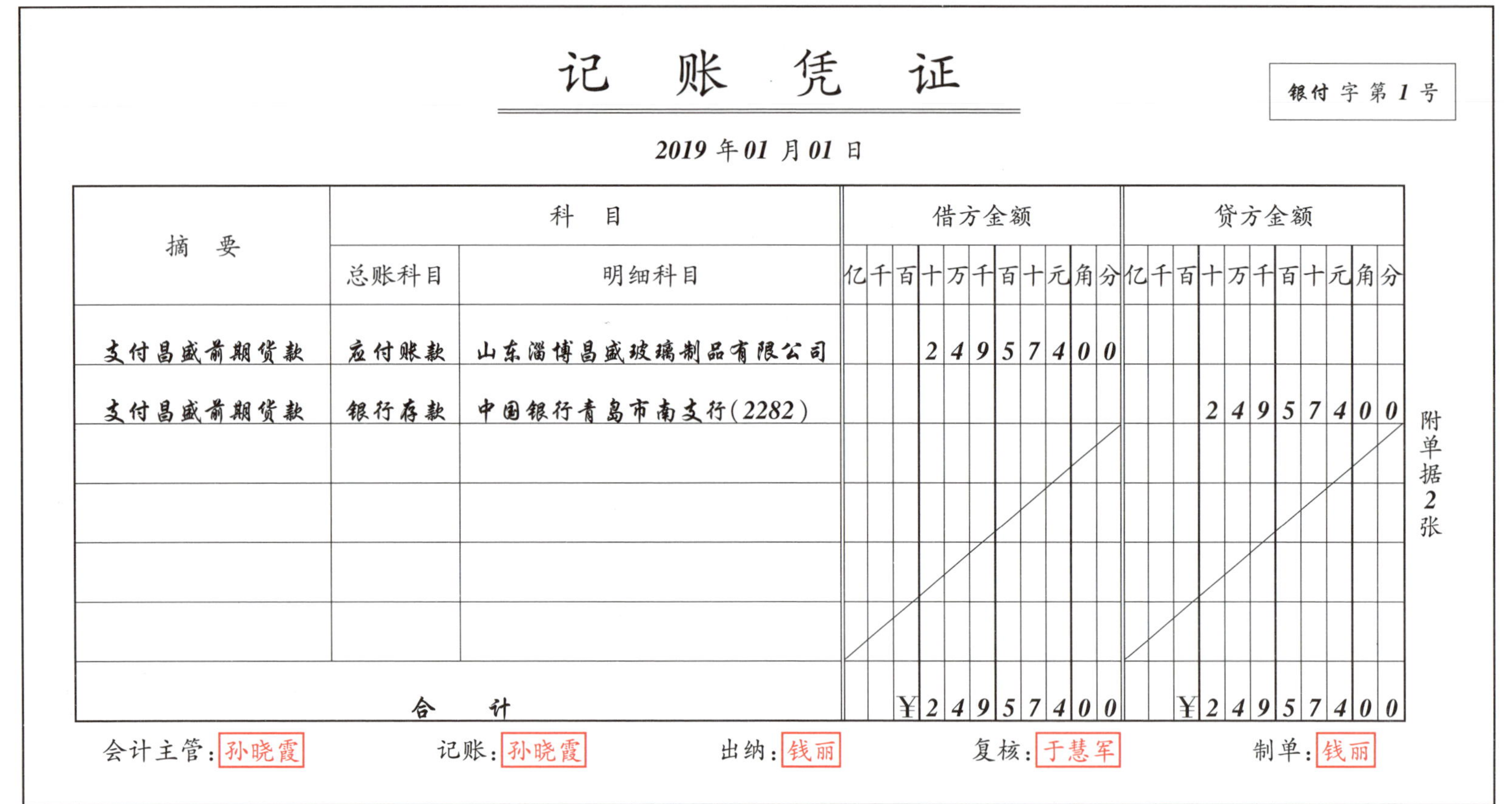

记 账 凭 证

银付 字 第 1 号

2019 年 01 月 01 日

摘要	科目		借方金额	贷方金额
	总账科目	明细科目	亿千百十万千百十元角分	亿千百十万千百十元角分
支付昌盛前期货款	应付账款	山东淄博昌盛玻璃制品有限公司	2495740 0	
支付昌盛前期货款	银行存款	中国银行青岛市南支行(2282)		2495740 0
合计			¥2495740 0	¥2495740 0

附单据2张

会计主管:孙晓霞 记账:孙晓霞 出纳:钱丽 复核:于慧军 制单:钱丽

1.3 登记日记账及明细分类账

1. 根据审核无误的记账凭证,登记现金日记账、银行存款日记账及明细分类账。

（1）逐日逐笔进行登记，逐笔结出余额，并填写余额方向。

（2）对于业务量不多的企业，无需填写“本日合计”，本实验企业无需填列“本日合计”。

（3）如当期经济业务需跨账页时，应在账簿的当页最后一行摘要处书写“过次页”，将本月初至本页倒数第二行的借贷方发生额合计数与目前的余额写在末行中；“承前页”是在次页的第一行抄写上页“过次页”行的借贷方发生额和余额，并在摘要栏注明“承前页”字样。

（4）如果发生登账错误，应根据具体情况，采用正确的更正方法进行更正，如划线更正法、红字更正法和补充登记法等，切忌刮、擦、挖、涂改等错误方法。

2. 日记账及明细分类账登账样式

（1）日记账登账样式

银行存款日记账

开户行：中国建设银行山东路支行

账　号：622375696991

2019年		凭证号数	摘要	√	收入（借方）金额										付出（贷方）金额										结余金额									
月	日				千	百	十	万	千	百	十	元	角	分	千	百	十	万	千	百	十	元	角	分	千	百	十	万	千	百	十	元	角	分
01	01		上年结转																								5	7	2	8	6	1	3	2
01	04	银付 11	提取现金															4	5	0	0	0	0	0			5	2	7	8	6	1	3	2
01	10	银付 23	建行支付2018年12月份工资8602#														3	3	3	7	3	6	3	2			1	9	4	1	2	5	0	0
01	12	银付 26	提取现金															5	0	0	0	0	0	0			1	4	4	1	2	5	0	0
01	21	银收 5	收到建行存款利息								6	0	5	0													1	4	4	1	8	5	5	0

（2）三栏式明细账登记样式

应收账款明细账

二级科目：青岛利群商贸股份有限公司

三级科目：

2019年 月	日	凭证号数	摘要	√	借方（千百十万千百十元角分）	√	贷方（千百十万千百十元角分）	√	借或贷	余额（千百十万千百十元角分）	√
01	01		上年结转						借	78880000	
01	03	银收 1	收到利群前期贷款				78880000		平	000	
01	04	转 13	赊销产品至青岛利群		98600000				借	98600000	

主营业务收入明细账

二级科目：烤花水晶玻璃醒酒器

三级科目：

2019年 月	日	凭证号数	摘要	√	借方（千百十万千百十元角分）	√	贷方（千百十万千百十元角分）	√	借或贷	余额（千百十万千百十元角分）	√
01	04	转 13	赊销产品至青岛利群				85000000		贷	85000000	
01	10	转 22	赊销产品至青岛万象公司				35000000		贷	120000000	
01	15	转 28	销售产品至北京大商，收银行承兑汇票				68000000		贷	188000000	
01	19	转 30	赊销产品至上海百联公司				51600000		贷	239600000	
01	23	转 31	上海百联公司发生 5%销售折让				2580000		贷	237020000	
01	26	转 32	销售产品至长青商贸				101400000		贷	338420000	
01	31	转 57	结转损益类账户中的收入类账户		338420000				平		

（3）数量金额式明细账登记样式

原材料明细分类账

明细科目：水晶玻璃醒酒器光瓶

类　　别：主要材料　　　　最高存量______　　最低存量______　　计量单位______只　　　　存放地点：原材料库

2019年		凭证		摘要	借方												贷方												余额											
月	日	种类	号数		数量	单价	金额										数量	单价	金额										数量	单价	金额									
							千	百	十	万	千	百	十	元	角	分			千	百	十	万	千	百	十	元	角	分			千	百	十	万	千	百	十	元	角	分
01	01			上年结转																									3 000	60.00			1	8	0	0	0	0	0	0
01	01	转	1	赊购昌盛原材料	5 000	62.00			3	1	0	0	0	0	0	0													8 000				4	9	0	0	0	0	0	0
01	01	转	2	烤花车间领用水晶玻璃醒酒器光瓶601＃													3 000	60.00			1	8	0	0	0	0	0	0	5 000	62.00			3	1	0	0	0	0	0	0
01	02	转	7	赊购秀树原材料	2 000	62.50			1	2	5	0	0	0	0	0													7 000				4	3	5	0	0	0	0	0
01	04	转	14	购买华盛原材料，开出银行承兑汇票	10 000	60.00			6	0	0	0	0	0	0	0													17 000			1	0	3	5	0	0	0	0	0
01	06	银付	19	赊购欣华原材料	3 000	61.20			1	8	3	6	0	0	0	0													20 000			1	2	1	8	6	0	0	0	0
01	07	转	20	烤花车间领用水晶玻璃醒酒器光瓶603＃													12 000				7	3	5	0	0	0	0	0	8 000				4	8	3	6	0	0	0	0
01	13	转	24	烤花车间领用水晶玻璃醒酒器光瓶605＃													5 000	60.00			3	0	0	0	0	0	0	0	3 000	61.20			1	8	3	6	0	0	0	0

(4) 多栏式明细账登记样式

制造费用明细账

二级科目：烤花车间

三级科目：

2019年 月	日	凭证 号数	摘　要	劳动保护费 百十万千百十元角分	办公费 百十万千百十元角分	财产保险费 百十万千百十元角分	差旅费 百十万千百十元角分	职工薪酬 百十万千百十元角分	水电费 百十万千百十元角分	折旧费 百十万千百十元角分
01	05	转17	领用劳保手套	160000						
01	06	银付20	购买A4打印纸		60000					
01	09	银付22	支付设备财产保险费			450000				
01	11	现收01	孟子轩结算差旅费				252000			
01	12	银付27	购买水杯发放福利					18560		
01	15	银付29	购买硒鼓		18000					
01	31	银付59	支付并分配水费						680400	
01	31	银付60	支付并分配电费						2618000	
01	31	银付61	支付电话费		72000					
01	31	转41	计提折旧							1967450
01	31	转44	计提本月工资					933400		
01	31	转51	结转烤花车间制造费用	160000	150000	450000	252000	951960	3298400	1967450

生产成本明细账

二级科目：基本生产成本

三级科目：(烤花车间)烤花水晶玻璃醒酒器光瓶

2019年 月	日	凭证号数	摘要	直接材料 (百十万千百十元角分)	直接人工 (百十万千百十元角分)	制造费用 (百十万千百十元角分)
01	01		上年结转	24920000	1730000	1460000
01	01	转 2	领用光瓶601#	18000000		
01	01	转 3	领用烤花花纸602#	600000		
01	07	转 20	领用光瓶603#	73500000		
01	07	转 21	领用烤花花纸604#	2520000		
01	13	转 24	领用光瓶605#	30000000		
01	13	转 25	领用烤花花纸606#	1050000		
01	31	转 44	计提本月工资		8656500	
01	31	转 51	结转烤花车间制造费用			7229810
01	31	转 53	结转自制半成品成本	131775000	9702000	8106000

销售费用

2019年 月	日	凭证号数	摘要	1 办公费	2 职工福利	3 广告费	4 展览费	5 物业费	6 差旅费	7 运输费
				百十万千百十元角分	百十万千百十元角分	百十万千百十元角分	百十万千百十元角分	百十万千百十元角分	百十万千百十元角分	百十万千百十元角
01	06	银付 20	购买A4打印纸	40000						
01	12	银付 27	购买水杯发放福利		18560					
01	14	银付 28	支付广告费			2000000				
01	15	银付 29	购买硒鼓	36000						
01	19	银付 49	支付上海展会摊位费				900000			
01	28	银付 55	支付物业费					620468		
01	29	现付 6	销售部报销差旅费						1599800	
01	31	银付 58	支付销售商品运费							210000
01	31	银付 59	支付并分配水费							
01	31	银付 60	支付并分配电费							
01	31	银付 61	支付电话费							
01	31	转 40	计提本月折旧							
01	31	转 44	计提本月工资							
01	31	转 58	结转损益类账户	76000	18560	2000000	900000	620468	1599800	210000

明细账

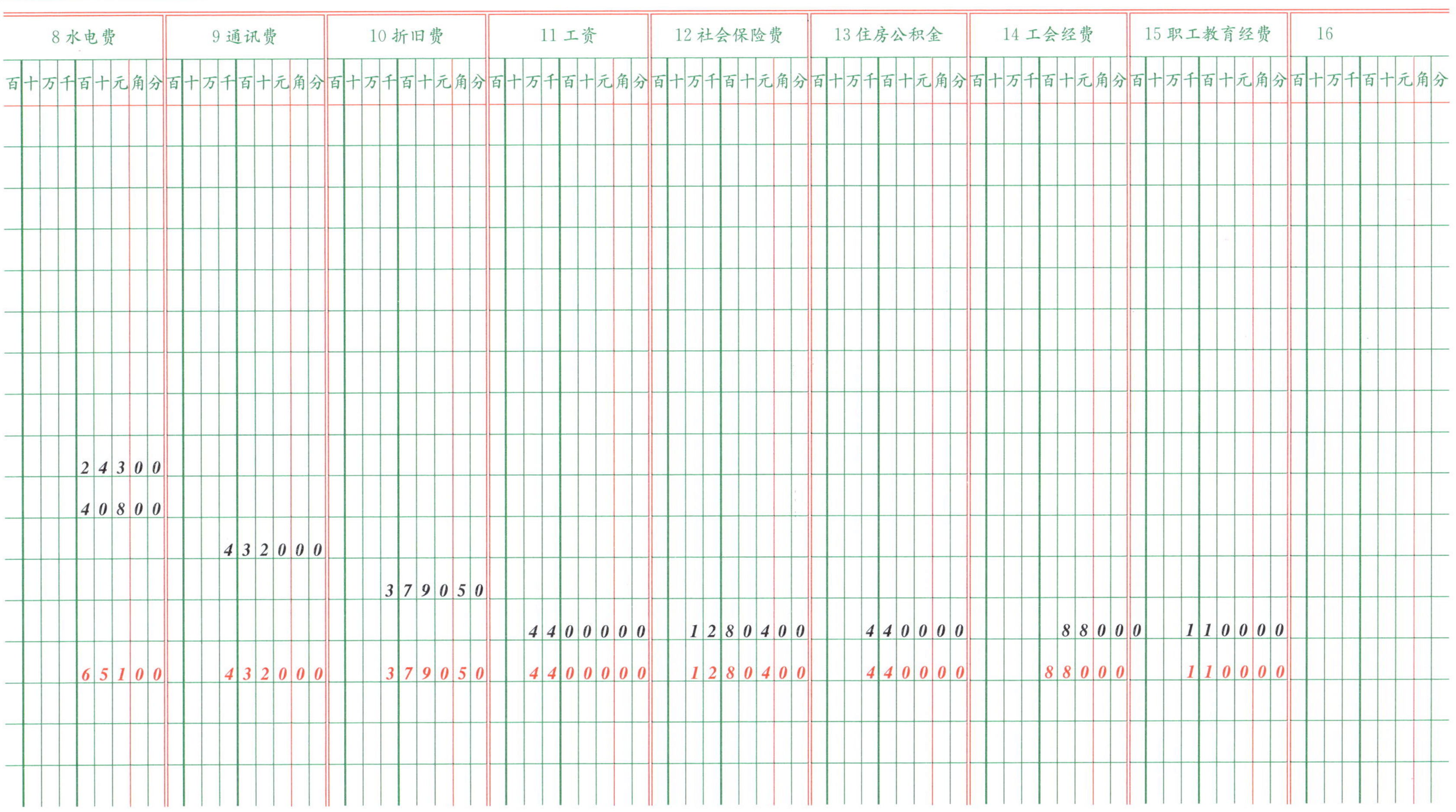

(Each column is divided into digit places 百 十 万 千 百 十 元 角 分.)

8 水电费	9 通讯费	10 折旧费	11 工资	12 社会保险费	13 住房公积金	14 工会经费	15 职工教育经费	16
24300								
40800								
	432000							
		379050						
			4400000	1280400	440000	88000	110000	
65100	432000	379050	4400000	1280400	440000	88000	110000	

（5）划线更正法

划线更正法是一种常用的更正方法。在结账前如发现账簿记录有文字或数字错误，而记账凭证没有错误时，则采用划线更正法。

具体做法是：先在错误的文字或数字上划一条红线，表示注销，划线时必须使原有字迹仍可辨认，然后将正确的文字或数字书写在划线处的上方，并由记账人员在更正处盖章，以明确责任。

需要注意的是：对于文字的错误，可以只划去错误的部分，并更正错误的部分；对于错误的数字，应当将完整的数字全部划红线更正，不能只更正其中的个别错误数字。另外书写正确的数据或文字时一定要使用“原”色书写，即原来的文字或数字是蓝色的，则必须用蓝色笔迹书写，原来的文字或数字是红色的，则必须用红色笔迹书写。

应收账款明细账

二级科目：青岛利群商贸股份有限公司

三级科目：

2019年		凭证号数	摘要	√	借方											贷方											借或贷	余额										
月	日				千	百	十	万	千	百	十	元	角	分	√	千	百	十	万	千	百	十	元	角	分	√		千	百	十	万	千	百	十	元	角	分	√
01	01		上年结转																								借			7	8	8	8	0	0	0	0	
01	03	银收 1	收到利群前期货款															7 ~~7~~	8 ~~8~~	8 ~~6~~	8 ~~8~~	0 ~~0~~	0 ~~0~~	0 ~~0~~	0 ~~0~~		平								0	0	0	
01	04	转 13	赊销产品至青岛利群				9	8	6	0	0	0	0	0													借			9	8	6	0	0	0	0	0	

于慧军

1.4　编制科目汇总表

月末，根据记账凭证，编制科目汇总表，进行试算平衡。

根据记账凭证，借助"T"型账户，将各科目本期借方与贷方的发生额进行登记与汇总，以此编制科目汇总表，并进行试算平衡。以下以"库存现金"为例，编制科目汇总表。

库存现金

借方	贷方
45 000.00	40 000.00
1,417.00	50 000.00
180.00	5 000.00
50 000.00	318.00
100.00	3 000.00
150.00	16 471.40
	200.00
	14 668.00
	220.00
96 847.00	129 877.40

银行存款

银行存款

银行存款

其他货币资金

交易性金融资产

其他应收款

原材料

应收票据

应收账款

坏账准备

库存商品

半成品

周转材料

持有待售资产

固定资产

累计折旧

固定资产减值准备

在建工程

固定资产清理

无形资产

累计摊销

应付账款

待处理财产损溢

短期借款

应付票据

预收账款

应交税费

应交税费

应交税费

应付职工薪酬

应付股利

应付利息

其他应付款

长期借款

实收资本(股本)

盈余公积

本年利润

利润分配

生产成本

制造费用

研发支出

主营业务收入

公允价值变动损益

投资收益

资产处置损益

营业外收入

主营业务成本

管理费用

税金及附加

销售费用

财务费用

《科目汇总表》的填列:请填到第 3 章列示的《科目汇总表》中。

1.5 登记总分类账

根据科目汇总表登记总分类账户。

总分类账样式：

总 分 类 账

会计科目 应收票据

2019年		凭证号数	摘要	√	借方										贷方										借或贷	余额									
月	日				千	百	十	万	千	百	十	元	角	分	千	百	十	万	千	百	十	元	角	分		千	百	十	万	千	百	十	元	角	分
01	01		上年结转																						借			8	6	7	6	8	0	0	0
01	31	科汇1	1月1日至31日经济业务				7	8	8	8	0	0	0	0			8	6	7	6	8	0	0	0	借			7	8	8	8	0	0	0	0

总 分 类 账

会计科目 主营业务收入

2019年		凭证号数	摘要	√	借方										贷方										借或贷	余额									
月	日				千	百	十	万	千	百	十	元	角	分	千	百	十	万	千	百	十	元	角	分		千	百	十	万	千	百	十	元	角	分
01	31	科汇1	1月1日至31日经济业务			3	3	8	4	2	0	0	0	0		3	3	8	4	2	0	0	0	0	平								0	0	0

1.6　月末结账

月末结账，在“摘要”栏书写“本月合计”，结出日记账、明细分类账、总分类账本期借方及贷方发生额及期末余额，并在“本月合计”的下方划一条红色月结线。无需进行“本年累计”。

1. 总分类账月结样式

总　分　类　账

会计科目　应收票据

2019年		凭证号数	摘要	√	借方										贷方										借或贷	余额									
月	日				千	百	十	万	千	百	十	元	角	分	千	百	十	万	千	百	十	元	角	分		千	百	十	万	千	百	十	元	角	分
01	01		上年结转																						借			8	6	7	6	8	0	0	0
01	31	科汇1	1月1日至31日经济业务				7	8	8	8	0	0	0	0			8	6	7	6	8	0	0	0	借			7	8	8	8	0	0	0	0
01	31		本月合计				7	8	8	8	0	0	0	0			8	6	7	6	8	0	0	0	借			7	8	8	8	0	0	0	0

总　分　类　账

会计科目　主营业务收入

2019年		凭证号数	摘要	√	借方										贷方										借或贷	余额									
月	日				千	百	十	万	千	百	十	元	角	分	千	百	十	万	千	百	十	元	角	分		千	百	十	万	千	百	十	元	角	分
01	31	科汇1	1月1日至31日经济业务			3	3	8	4	2	0	0	0	0		3	3	8	4	2	0	0	0	0	平								0	0	0
01	31		本月合计			3	3	8	4	2	0	0	0	0		3	3	8	4	2	0	0	0	0	平								0	0	0

2. 日记账及明细分类账月结样式

银行存款日记账

开户行：中国建设银行山东路支行

账　号：622375696991

2019年		凭证号数	摘　要	√	收入（借方）金额										付出（贷方）金额										结余金额									
月	日				千	百	十	万	千	百	十	元	角	分	千	百	十	万	千	百	十	元	角	分	千	百	十	万	千	百	十	元	角	分
01	01		上年结转																								5	7	2	8	6	1	3	2
01	04	银付 11	提取现金															4	5	0	0	0	0	0			5	2	7	8	6	1	3	2
01	10	银付 23	建行支付 2018 年 12 月份工资 8602＃														3	3	3	7	3	6	3	2			1	9	4	1	2	5	0	0
01	12	银付 26	提取现金															5	0	0	0	0	0	0			1	4	4	1	2	5	0	0
01	21	银收 5	收到建行存款利息								6	0	5	0													1	4	4	1	8	5	5	0
01	31		本月合计								6	0	5	0			4	2	8	7	3	6	3	2			1	4	4	1	8	5	5	0

应收账款明细账

二级科目：青岛利群商贸股份有限公司

三级科目：

2019年 月	日	凭证号数	摘要	√	借方（千百十万千百十元角分）	√	贷方（千百十万千百十元角分）	√	借或贷	余额（千百十万千百十元角分）	√
01	01		上年结转						借	78880000	
01	03	银收 1	收到利群前期货款				78880000		平	000	
01	04	转 13	赊销产品至青岛利群		98600000				借	98600000	
01	31		本月合计		98600000		78880000		借	98600000	

主营业务收入明细账

二级科目：烤花水晶玻璃醒酒器

三级科目：

2019年 月	日	凭证号数	摘要	√	借方 千百十万千百十元角分	√	贷方 千百十万千百十元角分	√	借或贷	余额 千百十万千百十元角分	√
01	04	转13	赊销产品至青岛利群				85000000		贷	85000000	
01	10	转22	赊销产品至青岛万象公司				35000000		贷	120000000	
01	15	转28	销售产品至北京大商				68000000		贷	188000000	
01	19	转30	赊销产品至上海百联公司				51600000		贷	239600000	
01	23	转31	上海百联公司发生5%销售折让				2580000		贷	237020000	
01	26	转32	销售产品至长青商贸				101400000		贷	338420000	
01	31	转57	结转损益类账户中的收入类账户		338420000				平	000	
01	31		本月合计		338420000		338420000		平	000	

原材料明细分类账

明细科目：水晶玻璃醒酒器光瓶

类　　别：主要材料　　　最高存量______　　最低存量______　　计量单位______只　　　存放地点：原材料库

2019年 月	日	记账凭证 种类	号数	摘　　要	借方 数量	借方 单价	借方 金额	贷方 数量	贷方 单价	贷方 金额	余额 数量	余额 单价	余额 金额
01	01			上年结转							3 000	60.00	18000000
01	01	转	1	赊购昌盛原材料	5 000	62.00	31000000				8 000		49000000
01	01	转	2	烤花车间领用水晶玻璃醒酒器光瓶 601＃				3 000	60.00	18000000	5 000	62.00	31000000
01	02	转	7	赊购秀树原材料	2 000	62.50	12500000				7 000		43500000
01	04	转	14	购买华盛原材料，开出银行承兑汇票	10 000	60.00	60000000				17 000		103500000
01	06	银付	19	赊购欣华原材料	3 000	61.20	18360000				20 000		121860000
01	07	转	20	烤花车间领用水晶玻璃醒酒器光瓶 603＃				12 000		73500000	8 000		48360000
01	13	转	24	烤花车间领用水晶玻璃醒酒器光瓶 605＃				5 000	60.00	30000000	3 000	61.20	18360000
01	31			本月合计	20 000		121860000	20 000		121500000	3 000	61.20	18360000

制造费用明细账

二级科目：烤花车间

三级科目：

2019年 月	日	凭证号数	摘要	劳动保护费	办公费	财产保险费	差旅费	职工薪酬	水电费	折旧费
01	05	转 17	领用劳保手套	160000						
01	06	银付 20	购买A4打印纸		60000					
01	09	银付 22	支付设备财产保险费			450000				
01	11	现收 01	孟子轩结算差旅费				252000			
01	12	银付 27	购买水杯发放福利					18560		
01	15	银付 29	购买硒鼓		18000					
01	31	银付 59	支付并分配水费						680400	
01	31	银付 60	支付并分配电费						2618000	
01	31	银付 61	支付电话费		72000					
01	31	转 41	计提折旧							1967450
01	31	转 44	计提本月工资					933400		
01	31	转 51	结转烤花车间制造费用	160000	150000	450000	252000	951960	3298400	1967450

生产成本明细账

二级科目：基本生产成本

三级科目：（烤花车间）烤花水晶玻璃醒酒器光瓶

2019年 月	日	凭证号数	摘要	直接材料	直接人工	制造费用				
01	01		上年结转	249200.00	17300.00	14600.00				
01	01	转 2	领用光瓶 601＃	180000.00						
01	01	转 3	领用烤花花纸 602＃	6000.00						
01	07	转 20	领用光瓶 603＃	735000.00						
01	07	转 21	领用烤花花纸 604＃	25200.00						
01	13	转 24	领用光瓶 605＃	300000.00						
01	13	转 25	领用烤花花纸 606＃	10500.00						
01	31	转 44	计提本月工资		86565.00					
01	31	转 51	结转烤花车间制造费用			72298.10				
01	31	转 53	结转自制半成品成本	1317750.00	97020.00	81060.00				
01	31		月末在产品成本	188150.00	6745.00	5838.10				

销售费用

2019年 月	日	凭证号数	摘要	1 办公费	2 职工福利	3 广告费	4 展览费	5 物业费	6 差旅费	7 运输费
				百十万千百十元角分	百十万千百十元角分	百十万千百十元角分	百十万千百十元角分	百十万千百十元角分	百十万千百十元角分	百十万千百十元角
01	06	银付 20	购买A4打印纸	40000						
01	12	银付 27	购买水杯发放福利		18560					
01	14	银付 28	支付广告费			2000000				
01	15	银付 29	购买硒鼓	36000						
01	19	银付 49	支付上海展会摊位费				900000			
01	28	银付 55	支付物业费					620468		
01	29	现付 6	销售部报销差旅费						1599800	
01	31	银付 58	支付销售商品运费							210000
01	31	银付 59	支付并分配水费							
01	31	银付 60	支付并分配电费							
01	31	银付 61	支付电话费							
01	31	转 40	计提本月折旧							
01	31	转 44	计提本月工资							
01	31	转 58	结转损益类账户	76000	18560	2000000	900000	620468	1599800	210000

明细账

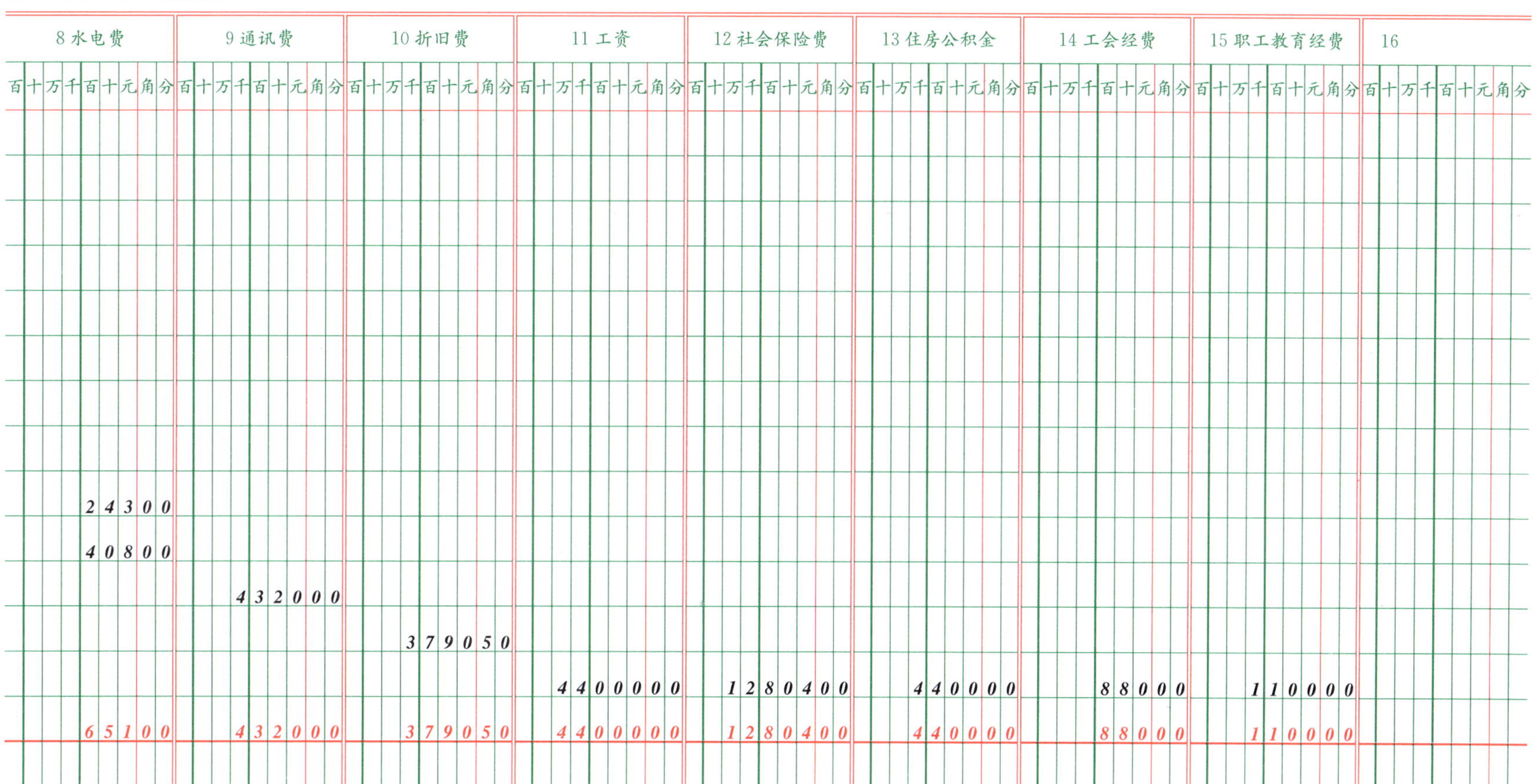

8 水电费	9 通讯费	10 折旧费	11 工资	12 社会保险费	13 住房公积金	14 工会经费	15 职工教育经费	16
百十万千百十元角分	百十万千百十元角分	百十万千百十元角分	百十万千百十元角分	百十万千百十元角分	百十万千百十元角分	百十万千百十元角分	百十万千百十元角分	百十万千百十元角分
24300								
40800								
	432000							
		379050						
			4400000	1280400	440000	88000	110000	
65100	432000	379050	4400000	1280400	440000	88000	110000	

1.7 编制财务报表

根据核对无误的总分类账、明细分类账等资料，编制资产负债表和利润表。

1.《资产负债表》修订新增项目说明

根据财会【2018】15 号财政部关于修订印发一般企业财务报表格式的通知，《资产负债表》修订新增项目列报说明：

(1)“应收票据及应收账款”行项目，应根据“应收票据”科目的期末余额，以及“应收账款”和“预收账款”科目所属的相关明细科目的期末借方余额，减去“坏账准备”科目中相关坏账准备期末余额后的金额填列。

(2)“其他应收款”行项目，应根据“应收利息”“应收股利”和“其他应收款”科目的期末余额合计数，减去“坏账准备”科目中相关坏账准备期末余额后的金额填列。

(3)“持有待售资产”行项目，应根据“持有待售资产”科目的期末余额，减去“持有待售资产减值准备”科目的期末余额后的金额填列。

(4)“固定资产”行项目，应根据“固定资产”科目的期末余额，减去“累计折旧”和“固定资产减值准备”科目的期末余额后的金额，以及“固定资产清理”科目的期末余额填列。

(5)“在建工程”行项目，应根据“在建工程”科目的期末余额，减去“在建工程减值准备”科目的期末余额后的金额，以及“工程物资”科目的期末余额，减去“工程物资减值准备”科目的期末余额后的金额填列。

(6)“应付票据及应付账款”行项目，应根据“应付票据”科目的期末余额，以及“应付账款”和“预付账款”科目所属的相关明细科目的期末贷方余额合计数填列。

(7)“其他应付款”行项目，应根据“应付利息”“应付股利”和“其他应付款”科目的期末余额合计数据填列。

(8)“持有待售负债”行项目，应根据“持有待售负债”科目的期末余额填列。

(9)“长期应付款”行项目，应根据“长期应付款”科目的期末余额，减去相关的“未确认融资费用”科目的期末余额后的金额，以及“专项应付款”科目的期末余额填列。

2.《利润表》修订新增项目说明

根据财会【2018】15 号财政部关于修订印发一般企业财务报表格式的通知，《利润表》修订新增项目列报说明：

(1)“研发费用”行项目,应根据“管理费用”科目下的“研发费用”明细科目的发生额分析填列。

(2)“其中:利息费用”行项目,应根据“财务费用”科目的相关明细科目的发生额分析填列。

(3)“利息收入”行项目,应根据“财务费用”科目的相关明细科目的发生额分析填列。

(4)“其他收益”行项目,应根据“其他收益”科目的发生额分析填列。

(5)“资产处置收益”行项目,应根据“资产处置损益”科目的发生额分析填列;如为处置损失,以“-”号填列。

(6)“营业外收入”行项目,反映企业发生的除营业利润以外的收益,主要包括债务重组利得、与企业日常活动无关的政府补助、盘盈利得、捐赠利得等。该项目应根据“营业外收入”科目的发生额分析填列。

(7)“营业外支出”行项目,反映企业发生的除营业利润以外的支出,主要包括:债务重组损失发生额分析填列。

(8)“(一)持续经营净利润”和“(二)终止经营净利润”行项目,分别反映净利润中与持续经营相关的净利润和与终止经营相关的净利润;如为净亏损,以“-”号填列。该两个项目应按照《企业会计准则第42号——持有待售的非流动资产、处置组和终止经营》的相关规定分别列报。

1.8 凭证装订

实验要求将7种凭证类型按编号顺序排列,折叠整理整齐,加封面封底,装订成册,并将封面封底信息填写完整。其中收款凭证的排列顺序为现收凭证、银收凭证、币收凭证;付款凭证的排列顺序为现付凭证、银付凭证、币付凭证。即本实验共装订三本凭证:收款凭证、付款凭证及转账凭证。

在实务中,如果当月业务量大,会出现一种凭证类型装订多本的情况,如转账凭证会出现装订多本情况;如果收付款业务不多,可以将现收、银收及币收类型的凭证装订为一册,将现付、银付、币付类型的凭证装订为一册,转账凭证装订为一册。

(1)凭证打孔装订:通常采用三孔装订法,这种方法装订稳固、不易松动。可以使用装订机进行装订,也可以采用手动打孔穿线的方式进行装订,见图1-1和图1-2。

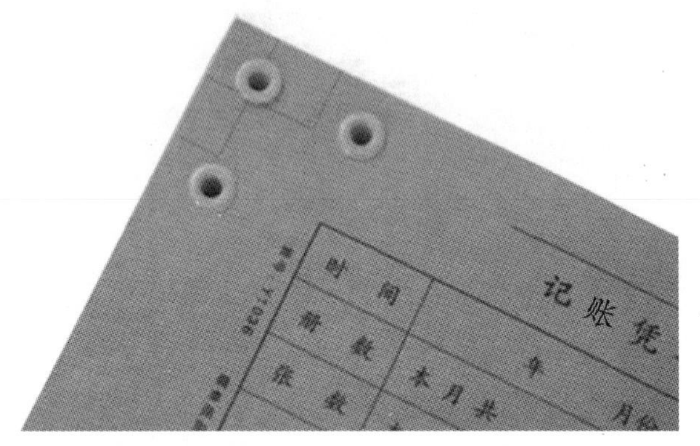

图 1-1　机器打孔效果

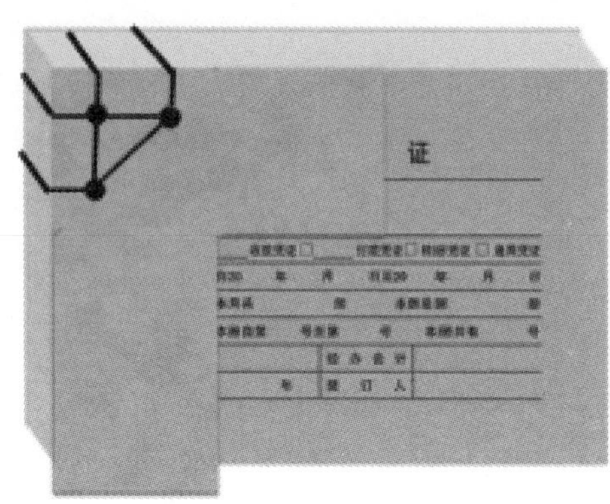

图 1-2　手动打孔穿线效果

(2) 凭证包角的具体操作如下。

① 将一张包角纸分出两个包角,见图 1-3。

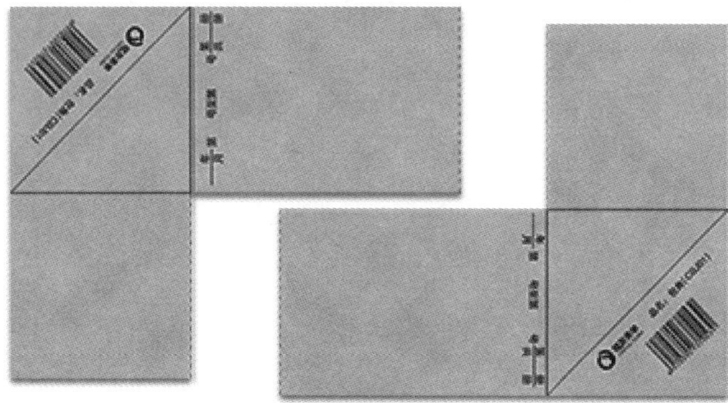

图 1-3　包角分开效果

② 把包角倒过来放在要装订的凭证左上方,在压痕线内侧装订,见图 1-4。

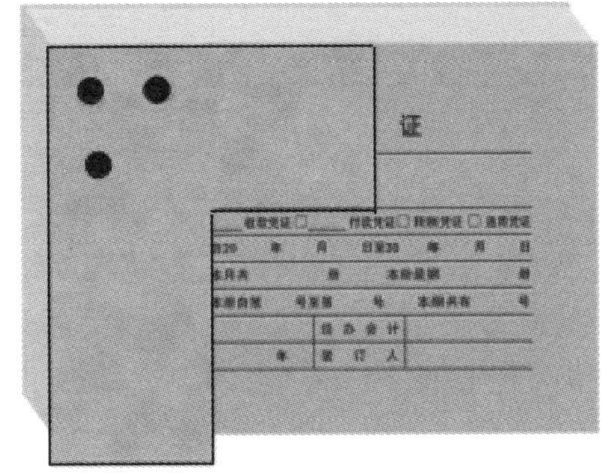

图 1-4　打孔前包角放置的位置

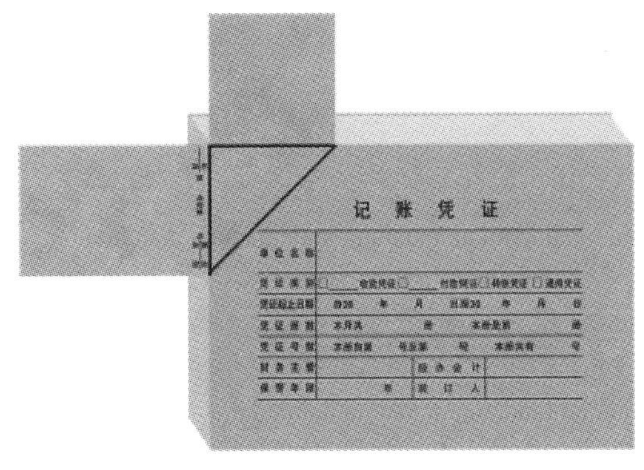

图 1-5　包角反折效果

③ 将包角沿压线反折,见图 1-5。

④ 将凭证翻转至背面,把包角压紧,用胶水等粘合,见图 1-6 和图 1-7。

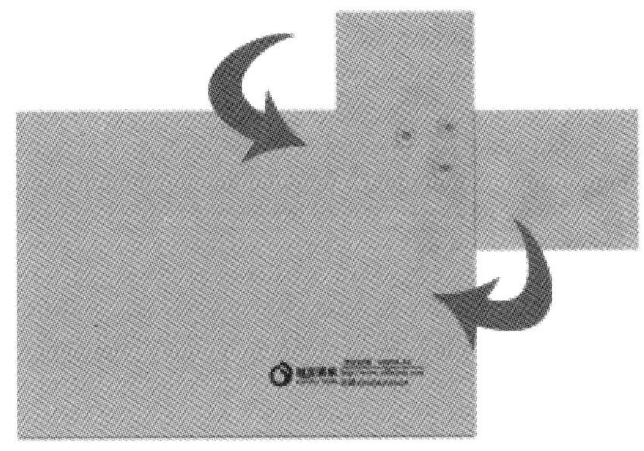

图 1-6　包角反折的方向

图 1-7　用胶水粘合

⑤ 装订完毕，见图 1-8 和图 1-9。

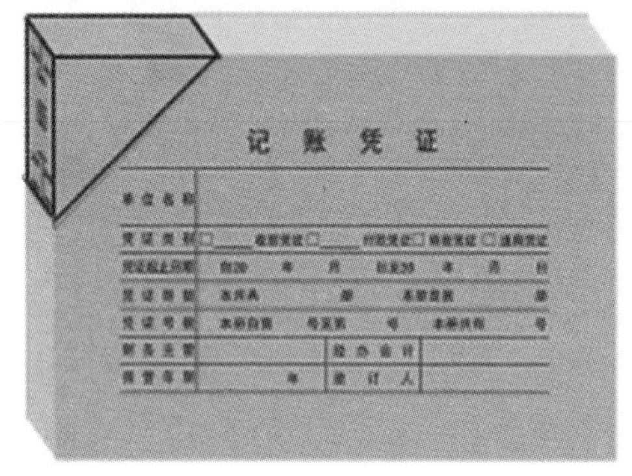

图 1-8　装订后效果图

图 1-9　装订后效果图

⑥ 凭证归档，见图 1-10 至图 1-12。

装订好的凭证，可以放在凭证盒中，然后再放入橱柜中归档。

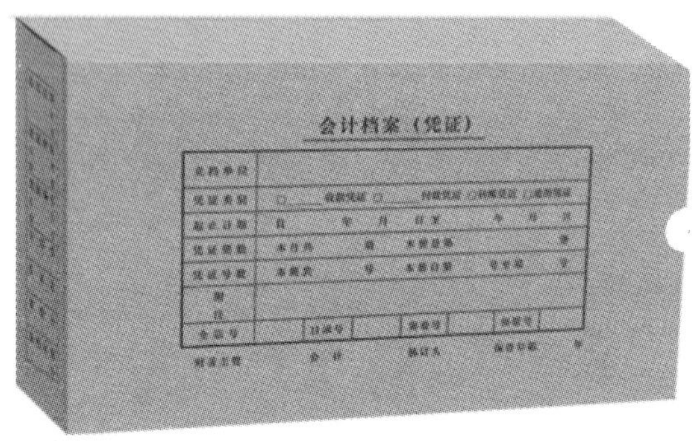

图 1-10　凭证档案盒

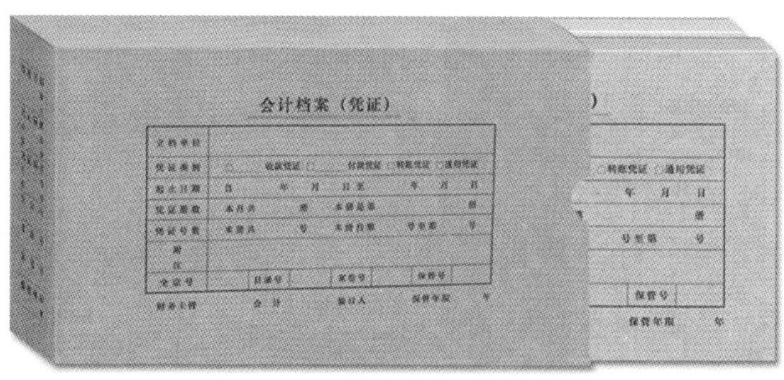

图 1-11　将凭证装入档案盒图

图 1-12　将装好的凭证放入文件柜归档

1.9　实验考核

1.《会计综合模拟实验(手工实验)》课程结束后,需递交以下资料,以备根据学生完成实验的质量和工作量进行考核。

(1) 装订的记账凭证。

(2) 专用账簿。

(3) 分组分角色完成的需递交分工及工作量明细表。

2. 考核成绩的给定建议。

《会计综合模拟实验(手工实验)》课程最终成绩由日常成绩(20%)和上交的记账凭证以及专用账簿成绩(80%)构成。

指导教师应加强实验过程的控制,定期进行检查,在检查时根据学生完成账簿质量的情况给出相应日常成绩,实验结束后再结合学生出勤等情况并根据过程检查的日常平均成绩,给定最终的日常成绩。

课程结束,收齐记账凭证及专用账簿,根据完成质量给出账套资料成绩,然后与日常成绩按比例计算得出本实验课程的最终成绩。

第 2 章　账　　簿

2.1　总分类账

2.1.1　总分类账账簿启用及交接表

账簿启用及交接表

<table>
<tr><td>单位名称</td><td colspan="3"></td><td>印　　鉴</td></tr>
<tr><td>账簿名称</td><td colspan="3">（第　　册）</td><td rowspan="4">中国琴岛家居用品有限公司</td></tr>
<tr><td>账簿编号</td><td colspan="3"></td></tr>
<tr><td>账簿页数</td><td colspan="3">本账簿共计　　页（页数检点人盖章　　）</td></tr>
<tr><td>启用日期</td><td colspan="3">公元　　年　　月　　日</td></tr>
</table>

<table>
<tr><td rowspan="3">经管人员</td><td colspan="2">负　责　人</td><td colspan="2">主办会计</td><td colspan="2">复　　核</td><td colspan="2">记　　账</td></tr>
<tr><td>姓　　名</td><td>盖章</td><td>姓　　名</td><td>盖章</td><td>姓　　名</td><td>盖章</td><td>姓　　名</td><td>盖章</td></tr>
<tr><td></td><td></td><td></td><td></td><td></td><td></td><td></td><td></td></tr>
</table>

<table>
<tr><td rowspan="6">交接记录</td><td colspan="2">经　管　人　员</td><td colspan="4">接　　管</td><td colspan="4">交　　出</td></tr>
<tr><td>职　　别</td><td>姓　　名</td><td>年</td><td>月</td><td>日</td><td>盖章</td><td>年</td><td>月</td><td>日</td><td>盖章</td></tr>
<tr><td></td><td></td><td></td><td></td><td></td><td></td><td></td><td></td><td></td><td></td></tr>
<tr><td></td><td></td><td></td><td></td><td></td><td></td><td></td><td></td><td></td><td></td></tr>
<tr><td></td><td></td><td></td><td></td><td></td><td></td><td></td><td></td><td></td><td></td></tr>
<tr><td></td><td></td><td></td><td></td><td></td><td></td><td></td><td></td><td></td><td></td></tr>
</table>

备注	

2.1.2 总分类账目录

目 录

编号	科 目	起讫页码	编号	科 目	起讫页码

目　录

编号	科　目	起讫页码	编号	科　目	起讫页码

目　录

编号	科　　目	起讫页码	编号	科　　目	起讫页码

总分类账

会计科目 ....

年		凭证号数	摘要	对账√	借方											贷方											借或贷	余额										
月	日				亿	千	百	十	万	千	百	十	元	角	分	亿	千	百	十	万	千	百	十	元	角	分		亿	千	百	十	万	千	百	十	元	角	分

总分类账

会计科目 ....

年		凭证号数	摘要	对账√	借方											贷方											借或贷	余额										
月	日				亿	千	百	十	万	千	百	十	元	角	分	亿	千	百	十	万	千	百	十	元	角	分		亿	千	百	十	万	千	百	十	元	角	分

总分类账

会计科目 ……………………………

年		凭证号数	摘要	对账√	借方											贷方											借或贷	余额										
月	日				亿	千	百	十	万	千	百	十	元	角	分	亿	千	百	十	万	千	百	十	元	角	分		亿	千	百	十	万	千	百	十	元	角	分

总分类账

会计科目 ……………………………

年		凭证号数	摘要	对账√	借方											贷方											借或贷	余额										
月	日				亿	千	百	十	万	千	百	十	元	角	分	亿	千	百	十	万	千	百	十	元	角	分		亿	千	百	十	万	千	百	十	元	角	分

总分类账

会计科目 ……………………………

年		凭证号数	摘要	对账√	借方											贷方											借或贷	余额										
月	日				亿	千	百	十	万	千	百	十	元	角	分	亿	千	百	十	万	千	百	十	元	角	分		亿	千	百	十	万	千	百	十	元	角	分

总分类账

会计科目 ……………………………

年		凭证号数	摘要	对账√	借方											贷方											借或贷	余额										
月	日				亿	千	百	十	万	千	百	十	元	角	分	亿	千	百	十	万	千	百	十	元	角	分		亿	千	百	十	万	千	百	十	元	角	分

总分类账

会计科目 ....

年		凭证号数	摘要	对账√	借方											贷方											借或贷	余额										
月	日				亿	千	百	十	万	千	百	十	元	角	分	亿	千	百	十	万	千	百	十	元	角	分		亿	千	百	十	万	千	百	十	元	角	分

总分类账

会计科目 ....

年		凭证号数	摘要	对账√	借方											贷方											借或贷	余额										
月	日				亿	千	百	十	万	千	百	十	元	角	分	亿	千	百	十	万	千	百	十	元	角	分		亿	千	百	十	万	千	百	十	元	角	分

总分类账

会计科目 ....

年		凭证号数	摘要	对账√	借方											贷方											借或贷	余额										
月	日				亿	千	百	十	万	千	百	十	元	角	分	亿	千	百	十	万	千	百	十	元	角	分		亿	千	百	十	万	千	百	十	元	角	分

总分类账

会计科目 ....

年		凭证号数	摘要	对账√	借方											贷方											借或贷	余额										
月	日				亿	千	百	十	万	千	百	十	元	角	分	亿	千	百	十	万	千	百	十	元	角	分		亿	千	百	十	万	千	百	十	元	角	分

总分类账

会计科目 ....

年		凭证号数	摘要	对账√	借方											贷方											借或贷	余额										
月	日				亿	千	百	十	万	千	百	十	元	角	分	亿	千	百	十	万	千	百	十	元	角	分		亿	千	百	十	万	千	百	十	元	角	分

总分类账

会计科目 ....

年		凭证号数	摘要	对账√	借方											贷方											借或贷	余额										
月	日				亿	千	百	十	万	千	百	十	元	角	分	亿	千	百	十	万	千	百	十	元	角	分		亿	千	百	十	万	千	百	十	元	角	分

总分类账

会计科目 ....

年		凭证号数	摘要	对账√	借方											贷方											借或贷	余额										
月	日				亿	千	百	十	万	千	百	十	元	角	分	亿	千	百	十	万	千	百	十	元	角	分		亿	千	百	十	万	千	百	十	元	角	分

总分类账

会计科目 ....

年		凭证号数	摘要	对账√	借方											贷方											借或贷	余额										
月	日				亿	千	百	十	万	千	百	十	元	角	分	亿	千	百	十	万	千	百	十	元	角	分		亿	千	百	十	万	千	百	十	元	角	分

总分类账

会计科目 ....

年		凭证号数	摘要	对账√	借方											贷方											借或贷	余额										
月	日				亿	千	百	十	万	千	百	十	元	角	分	亿	千	百	十	万	千	百	十	元	角	分		亿	千	百	十	万	千	百	十	元	角	分

总分类账

会计科目 ....

年		凭证号数	摘要	对账√	借方											贷方											借或贷	余额										
月	日				亿	千	百	十	万	千	百	十	元	角	分	亿	千	百	十	万	千	百	十	元	角	分		亿	千	百	十	万	千	百	十	元	角	分

总分类账

会计科目 ....

年		凭证号数	摘要	对账√	借方	贷方	借或贷	余额
月	日				亿千百十万千百十元角分	亿千百十万千百十元角分		亿千百十万千百十元角分

总分类账

会计科目 ....

年		凭证号数	摘要	对账√	借方	贷方	借或贷	余额
月	日				亿千百十万千百十元角分	亿千百十万千百十元角分		亿千百十万千百十元角分

总分类账

会计科目 ……………………

年		凭证号数	摘要	对账√	借方											贷方											借或贷	余额										
月	日				亿	千	百	十	万	千	百	十	元	角	分	亿	千	百	十	万	千	百	十	元	角	分		亿	千	百	十	万	千	百	十	元	角	分

总分类账

会计科目 ……………………

年		凭证号数	摘要	对账√	借方											贷方											借或贷	余额										
月	日				亿	千	百	十	万	千	百	十	元	角	分	亿	千	百	十	万	千	百	十	元	角	分		亿	千	百	十	万	千	百	十	元	角	分

总分类账

会计科目……………………

年		凭证号数	摘要	对账√	借方											贷方											借或贷	余额										
月	日				亿	千	百	十	万	千	百	十	元	角	分	亿	千	百	十	万	千	百	十	元	角	分		亿	千	百	十	万	千	百	十	元	角	分

总分类账

会计科目……………………

年		凭证号数	摘要	对账√	借方											贷方											借或贷	余额										
月	日				亿	千	百	十	万	千	百	十	元	角	分	亿	千	百	十	万	千	百	十	元	角	分		亿	千	百	十	万	千	百	十	元	角	分

总分类账

会计科目……………………

年		凭证号数	摘要	对账√	借方											贷方											借或贷	余额										
月	日				亿	千	百	十	万	千	百	十	元	角	分	亿	千	百	十	万	千	百	十	元	角	分		亿	千	百	十	万	千	百	十	元	角	分

总分类账

会计科目……………………

年		凭证号数	摘要	对账√	借方											贷方											借或贷	余额										
月	日				亿	千	百	十	万	千	百	十	元	角	分	亿	千	百	十	万	千	百	十	元	角	分		亿	千	百	十	万	千	百	十	元	角	分

总分类账

会计科目 ……………………………

年		凭证号数	摘要	对账√	借方											贷方											借或贷	余额										
月	日				亿	千	百	十	万	千	百	十	元	角	分	亿	千	百	十	万	千	百	十	元	角	分		亿	千	百	十	万	千	百	十	元	角	分

总分类账

会计科目 ……………………………

年		凭证号数	摘要	对账√	借方											贷方											借或贷	余额										
月	日				亿	千	百	十	万	千	百	十	元	角	分	亿	千	百	十	万	千	百	十	元	角	分		亿	千	百	十	万	千	百	十	元	角	分

总分类账

会计科目 ....

年		凭证号数	摘要	对账√	借方											贷方											借或贷	余额										
月	日				亿	千	百	十	万	千	百	十	元	角	分	亿	千	百	十	万	千	百	十	元	角	分		亿	千	百	十	万	千	百	十	元	角	分

总分类账

会计科目 ....

年		凭证号数	摘要	对账√	借方											贷方											借或贷	余额										
月	日				亿	千	百	十	万	千	百	十	元	角	分	亿	千	百	十	万	千	百	十	元	角	分		亿	千	百	十	万	千	百	十	元	角	分

总分类账

会计科目 ……………………

年		凭证号数	摘要	对账√	借方											贷方											借或贷	余额										
月	日				亿	千	百	十	万	千	百	十	元	角	分	亿	千	百	十	万	千	百	十	元	角	分		亿	千	百	十	万	千	百	十	元	角	分

总分类账

会计科目 ……………………

年		凭证号数	摘要	对账√	借方											贷方											借或贷	余额										
月	日				亿	千	百	十	万	千	百	十	元	角	分	亿	千	百	十	万	千	百	十	元	角	分		亿	千	百	十	万	千	百	十	元	角	分

总分类账

会计科目 ....

年		凭证号数	摘要	对账√	借方											贷方											借或贷	余额										
月	日				亿	千	百	十	万	千	百	十	元	角	分	亿	千	百	十	万	千	百	十	元	角	分		亿	千	百	十	万	千	百	十	元	角	分

总分类账

会计科目 ....

年		凭证号数	摘要	对账√	借方											贷方											借或贷	余额										
月	日				亿	千	百	十	万	千	百	十	元	角	分	亿	千	百	十	万	千	百	十	元	角	分		亿	千	百	十	万	千	百	十	元	角	分

总分类账

会计科目 ……………………

年		凭证号数	摘要	对账√	借方											贷方											借或贷	余额										
月	日				亿	千	百	十	万	千	百	十	元	角	分	亿	千	百	十	万	千	百	十	元	角	分		亿	千	百	十	万	千	百	十	元	角	分

总分类账

会计科目 ……………………

年		凭证号数	摘要	对账√	借方											贷方											借或贷	余额										
月	日				亿	千	百	十	万	千	百	十	元	角	分	亿	千	百	十	万	千	百	十	元	角	分		亿	千	百	十	万	千	百	十	元	角	分

总分类账

会计科目 ....

年		凭证号数	摘要	对账√	借方											贷方											借或贷	余额										
月	日				亿	千	百	十	万	千	百	十	元	角	分	亿	千	百	十	万	千	百	十	元	角	分		亿	千	百	十	万	千	百	十	元	角	分

总分类账

会计科目 ....

年		凭证号数	摘要	对账√	借方											贷方											借或贷	余额										
月	日				亿	千	百	十	万	千	百	十	元	角	分	亿	千	百	十	万	千	百	十	元	角	分		亿	千	百	十	万	千	百	十	元	角	分

总分类账

会计科目 ....

年		凭证号数	摘要	对账√	借方											贷方											借或贷	余额										
月	日				亿	千	百	十	万	千	百	十	元	角	分	亿	千	百	十	万	千	百	十	元	角	分		亿	千	百	十	万	千	百	十	元	角	分

总分类账

会计科目 ....

年		凭证号数	摘要	对账√	借方											贷方											借或贷	余额										
月	日				亿	千	百	十	万	千	百	十	元	角	分	亿	千	百	十	万	千	百	十	元	角	分		亿	千	百	十	万	千	百	十	元	角	分

总分类账

会计科目 ....

年		凭证号数	摘要	对账√	借方											贷方											借或贷	余额										
月	日				亿	千	百	十	万	千	百	十	元	角	分	亿	千	百	十	万	千	百	十	元	角	分		亿	千	百	十	万	千	百	十	元	角	分

总分类账

会计科目 ....

年		凭证号数	摘要	对账√	借方											贷方											借或贷	余额										
月	日				亿	千	百	十	万	千	百	十	元	角	分	亿	千	百	十	万	千	百	十	元	角	分		亿	千	百	十	万	千	百	十	元	角	分

总分类账

会计科目 ………………………………

年		凭证号数	摘要	对账√	借方											贷方											借或贷	余额										
月	日				亿	千	百	十	万	千	百	十	元	角	分	亿	千	百	十	万	千	百	十	元	角	分		亿	千	百	十	万	千	百	十	元	角	分

总分类账

会计科目 ………………………………

年		凭证号数	摘要	对账√	借方											贷方											借或贷	余额										
月	日				亿	千	百	十	万	千	百	十	元	角	分	亿	千	百	十	万	千	百	十	元	角	分		亿	千	百	十	万	千	百	十	元	角	分

总分类账

会计科目 ……………………

年		凭证号数	摘要	对账√	借方											贷方											借或贷	余额										
月	日				亿	千	百	十	万	千	百	十	元	角	分	亿	千	百	十	万	千	百	十	元	角	分		亿	千	百	十	万	千	百	十	元	角	分

总分类账

会计科目 ……………………

年		凭证号数	摘要	对账√	借方											贷方											借或贷	余额										
月	日				亿	千	百	十	万	千	百	十	元	角	分	亿	千	百	十	万	千	百	十	元	角	分		亿	千	百	十	万	千	百	十	元	角	分

总分类账

会计科目 ....

年		凭证号数	摘要	对账√	借方											贷方											借或贷	余额										
月	日				亿	千	百	十	万	千	百	十	元	角	分	亿	千	百	十	万	千	百	十	元	角	分		亿	千	百	十	万	千	百	十	元	角	分

总分类账

会计科目 ....

年		凭证号数	摘要	对账√	借方											贷方											借或贷	余额										
月	日				亿	千	百	十	万	千	百	十	元	角	分	亿	千	百	十	万	千	百	十	元	角	分		亿	千	百	十	万	千	百	十	元	角	分

总分类账

会计科目 ……………………

年		凭证号数	摘要	对账√	借方											贷方											借或贷	余额										
月	日				亿	千	百	十	万	千	百	十	元	角	分	亿	千	百	十	万	千	百	十	元	角	分		亿	千	百	十	万	千	百	十	元	角	分

总分类账

会计科目 ……………………

年		凭证号数	摘要	对账√	借方											贷方											借或贷	余额										
月	日				亿	千	百	十	万	千	百	十	元	角	分	亿	千	百	十	万	千	百	十	元	角	分		亿	千	百	十	万	千	百	十	元	角	分

总分类账

会计科目 ……………………………………

年		凭证号数	摘要	对账√	借方											贷方											借或贷	余额										
月	日				亿	千	百	十	万	千	百	十	元	角	分	亿	千	百	十	万	千	百	十	元	角	分		亿	千	百	十	万	千	百	十	元	角	分

总分类账

会计科目 ……………………………………

年		凭证号数	摘要	对账√	借方											贷方											借或贷	余额										
月	日				亿	千	百	十	万	千	百	十	元	角	分	亿	千	百	十	万	千	百	十	元	角	分		亿	千	百	十	万	千	百	十	元	角	分

总分类账

会计科目……………………

年		凭证号数	摘要	对账√	借方											贷方											借或贷	余额										
月	日				亿	千	百	十	万	千	百	十	元	角	分	亿	千	百	十	万	千	百	十	元	角	分		亿	千	百	十	万	千	百	十	元	角	分

总分类账

会计科目……………………

年		凭证号数	摘要	对账√	借方											贷方											借或贷	余额										
月	日				亿	千	百	十	万	千	百	十	元	角	分	亿	千	百	十	万	千	百	十	元	角	分		亿	千	百	十	万	千	百	十	元	角	分

总分类账

会计科目 ....

年		凭证号数	摘要	对账√	借方											贷方											借或贷	余额										
月	日				亿	千	百	十	万	千	百	十	元	角	分	亿	千	百	十	万	千	百	十	元	角	分		亿	千	百	十	万	千	百	十	元	角	分

总分类账

会计科目 ....

年		凭证号数	摘要	对账√	借方											贷方											借或贷	余额										
月	日				亿	千	百	十	万	千	百	十	元	角	分	亿	千	百	十	万	千	百	十	元	角	分		亿	千	百	十	万	千	百	十	元	角	分

总分类账

会计科目……………………………………

年		凭证号数	摘要	对账√	借方											贷方											借或贷	余额										
月	日				亿	千	百	十	万	千	百	十	元	角	分	亿	千	百	十	万	千	百	十	元	角	分		亿	千	百	十	万	千	百	十	元	角	分

总分类账

会计科目……………………………………

年		凭证号数	摘要	对账√	借方											贷方											借或贷	余额										
月	日				亿	千	百	十	万	千	百	十	元	角	分	亿	千	百	十	万	千	百	十	元	角	分		亿	千	百	十	万	千	百	十	元	角	分

总分类账

会计科目 ....

年		凭证号数	摘要	对账√	借方											贷方											借或贷	余额										
月	日				亿	千	百	十	万	千	百	十	元	角	分	亿	千	百	十	万	千	百	十	元	角	分		亿	千	百	十	万	千	百	十	元	角	分

总分类账

会计科目 ....

年		凭证号数	摘要	对账√	借方											贷方											借或贷	余额										
月	日				亿	千	百	十	万	千	百	十	元	角	分	亿	千	百	十	万	千	百	十	元	角	分		亿	千	百	十	万	千	百	十	元	角	分

总分类账

会计科目 ....

年		凭证号数	摘要	对账√	借方											贷方											借或贷	余额										
月	日				亿	千	百	十	万	千	百	十	元	角	分	亿	千	百	十	万	千	百	十	元	角	分		亿	千	百	十	万	千	百	十	元	角	分

总分类账

会计科目 ....

年		凭证号数	摘要	对账√	借方											贷方											借或贷	余额										
月	日				亿	千	百	十	万	千	百	十	元	角	分	亿	千	百	十	万	千	百	十	元	角	分		亿	千	百	十	万	千	百	十	元	角	分

总分类账

会计科目 ……………………

年		凭证	摘要	对账	借方	贷方	借或贷	余额
月	日	号数		√	亿千百十万千百十元角分	亿千百十万千百十元角分		亿千百十万千百十元角分

总分类账

会计科目 ……………………

年		凭证	摘要	对账	借方	贷方	借或贷	余额
月	日	号数		√	亿千百十万千百十元角分	亿千百十万千百十元角分		亿千百十万千百十元角分

总分类账

会计科目 ....

年		凭证号数	摘要	对账√	借方											贷方											借或贷	余额										
月	日				亿	千	百	十	万	千	百	十	元	角	分	亿	千	百	十	万	千	百	十	元	角	分		亿	千	百	十	万	千	百	十	元	角	分

总分类账

会计科目 ....

年		凭证号数	摘要	对账√	借方											贷方											借或贷	余额										
月	日				亿	千	百	十	万	千	百	十	元	角	分	亿	千	百	十	万	千	百	十	元	角	分		亿	千	百	十	万	千	百	十	元	角	分

总分类账

会计科目 ....

年		凭证	摘要	对账	借方											贷方											借或贷	余额										
月	日	号数		√	亿	千	百	十	万	千	百	十	元	角	分	亿	千	百	十	万	千	百	十	元	角	分		亿	千	百	十	万	千	百	十	元	角	分

总分类账

会计科目 ....

年		凭证	摘要	对账	借方											贷方											借或贷	余额										
月	日	号数		√	亿	千	百	十	万	千	百	十	元	角	分	亿	千	百	十	万	千	百	十	元	角	分		亿	千	百	十	万	千	百	十	元	角	分

总分类账

会计科目 ....

年		凭证号数	摘要	对账√	借方											贷方											借或贷	余额										
月	日				亿	千	百	十	万	千	百	十	元	角	分	亿	千	百	十	万	千	百	十	元	角	分		亿	千	百	十	万	千	百	十	元	角	分

总分类账

会计科目 ....

年		凭证号数	摘要	对账√	借方											贷方											借或贷	余额										
月	日				亿	千	百	十	万	千	百	十	元	角	分	亿	千	百	十	万	千	百	十	元	角	分		亿	千	百	十	万	千	百	十	元	角	分

总分类账

会计科目 ....

年		凭证号数	摘要	对账√	借方											贷方											借或贷	余额										
月	日				亿	千	百	十	万	千	百	十	元	角	分	亿	千	百	十	万	千	百	十	元	角	分		亿	千	百	十	万	千	百	十	元	角	分

总分类账

会计科目 ....

年		凭证号数	摘要	对账√	借方											贷方											借或贷	余额										
月	日				亿	千	百	十	万	千	百	十	元	角	分	亿	千	百	十	万	千	百	十	元	角	分		亿	千	百	十	万	千	百	十	元	角	分

总分类账

会计科目 ....

年		凭证号数	摘要	对账√	借方											贷方											借或贷	余额										
月	日				亿	千	百	十	万	千	百	十	元	角	分	亿	千	百	十	万	千	百	十	元	角	分		亿	千	百	十	万	千	百	十	元	角	分

总分类账

会计科目 ....

年		凭证号数	摘要	对账√	借方											贷方											借或贷	余额										
月	日				亿	千	百	十	万	千	百	十	元	角	分	亿	千	百	十	万	千	百	十	元	角	分		亿	千	百	十	万	千	百	十	元	角	分

总分类账

会计科目 ....

年		凭证号数	摘要	对账√	借方											贷方											借或贷	余额										
月	日				亿	千	百	十	万	千	百	十	元	角	分	亿	千	百	十	万	千	百	十	元	角	分		亿	千	百	十	万	千	百	十	元	角	分

总分类账

会计科目 ....

年		凭证号数	摘要	对账√	借方											贷方											借或贷	余额										
月	日				亿	千	百	十	万	千	百	十	元	角	分	亿	千	百	十	万	千	百	十	元	角	分		亿	千	百	十	万	千	百	十	元	角	分

总分类账

会计科目 ....

年		凭证号数	摘要	对账√	借方											贷方											借或贷	余额										
月	日				亿	千	百	十	万	千	百	十	元	角	分	亿	千	百	十	万	千	百	十	元	角	分		亿	千	百	十	万	千	百	十	元	角	分

总分类账

会计科目 ....

年		凭证号数	摘要	对账√	借方											贷方											借或贷	余额										
月	日				亿	千	百	十	万	千	百	十	元	角	分	亿	千	百	十	万	千	百	十	元	角	分		亿	千	百	十	万	千	百	十	元	角	分

2.2 日记账

2.2.1 日记账账簿启用及交接表

账簿启用及交接表

单位名称		印鉴
账簿名称	（第 册）	中国琴岛家居用品有限公司
账簿编号		
账簿页数	本账簿共计 页（页数检点人盖章 ）	
启用日期	公元 年 月 日	

经管人员	负责人		主办会计		复核		记账	
	姓名	盖章	姓名	盖章	姓名	盖章	姓名	盖章

交接记录	经管人员		接管				交出			
	职别	姓名	年	月	日	盖章	年	月	日	盖章

备注	

账簿启用及交接表

单位名称		印　　鉴
账簿名称	（第　　册）	[印章：中国琴岛家居用品有限公司]
账簿编号		
账簿页数	本账簿共计　　　页（页数检点人盖章　　　）	
启用日期	公元　　　年　　月　　日	

经管人员	负责人		主办会计		复核		记账	
	姓名	盖章	姓名	盖章	姓名	盖章	姓名	盖章

交接记录	经管人员		接管				交出			
	职别	姓名	年	月	日	盖章	年	月	日	盖章

备注	

2.2.2 现金日记账账页

年		凭证号数	对方科目	摘要	√	收入(借方)金额										付出(贷方)金额										结余金额									
月	日					千	百	十	万	千	百	十	元	角	分	千	百	十	万	千	百	十	元	角	分	千	百	十	万	千	百	十	元	角	分

年		凭证号数	对方科目	摘要	√	收入(借方)金额										付出(贷方)金额										结余金额									
月	日					千	百	十	万	千	百	十	元	角	分	千	百	十	万	千	百	十	元	角	分	千	百	十	万	千	百	十	元	角	分

年		凭证号数	对方科目	摘要	√	收入(借方)金额										付出(贷方)金额										结余金额									
月	日					千	百	十	万	千	百	十	元	角	分	千	百	十	万	千	百	十	元	角	分	千	百	十	万	千	百	十	元	角	分

年		凭证号数	对方科目	摘　　要	√	收入(借方)金额										付出(贷方)金额										结余金额									
月	日					千	百	十	万	千	百	十	元	角	分	千	百	十	万	千	百	十	元	角	分	千	百	十	万	千	百	十	元	角	分

2.2.3 银行存款日记账账页

年		凭证号数	对方科目	摘要	√	收入(借方)金额										付出(贷方)金额										结余金额									
月	日					千	百	十	万	千	百	十	元	角	分	千	百	十	万	千	百	十	元	角	分	千	百	十	万	千	百	十	元	角	分

年		凭证号数	对方科目	摘要	√	收入(借方)金额										付出(贷方)金额										结余金额									
月	日					千	百	十	万	千	百	十	元	角	分	千	百	十	万	千	百	十	元	角	分	千	百	十	万	千	百	十	元	角	分

年		凭证号数	对方科目	摘要	√	收入(借方)金额										付出(贷方)金额										结余金额									
月	日					千	百	十	万	千	百	十	元	角	分	千	百	十	万	千	百	十	元	角	分	千	百	十	万	千	百	十	元	角	分

年		凭证号数	对方科目	摘要	√	收入(借方)金额										付出(贷方)金额										结余金额									
月	日					千	百	十	万	千	百	十	元	角	分	千	百	十	万	千	百	十	元	角	分	千	百	十	万	千	百	十	元	角	分

年		凭证号数	对方科目	摘要	√	收入(借方)金额										付出(贷方)金额										结余金额									
月	日					千	百	十	万	千	百	十	元	角	分	千	百	十	万	千	百	十	元	角	分	千	百	十	万	千	百	十	元	角	分

年		凭证号数	对方科目	摘要	√	收入(借方)金额										付出(贷方)金额										结余金额									
月	日					千	百	十	万	千	百	十	元	角	分	千	百	十	万	千	百	十	元	角	分	千	百	十	万	千	百	十	元	角	分

年		凭证号数	对方科目	摘要	√	收入(借方)金额										付出(贷方)金额										结余金额									
月	日					千	百	十	万	千	百	十	元	角	分	千	百	十	万	千	百	十	元	角	分	千	百	十	万	千	百	十	元	角	分

年		凭证号数	对方科目	摘要	√	收入(借方)金额										付出(贷方)金额										结余金额									
月	日					千	百	十	万	千	百	十	元	角	分	千	百	十	万	千	百	十	元	角	分	千	百	十	万	千	百	十	元	角	分

年		凭证号数	对方科目	摘要	√	收入(借方)金额										付出(贷方)金额										结余金额									
月	日					千	百	十	万	千	百	十	元	角	分	千	百	十	万	千	百	十	元	角	分	千	百	十	万	千	百	十	元	角	分

年		凭证号数	对方科目	摘要	√	收入(借方)金额										付出(贷方)金额										结余金额									
月	日					千	百	十	万	千	百	十	元	角	分	千	百	十	万	千	百	十	元	角	分	千	百	十	万	千	百	十	元	角	分

2.3 各类明细账

2.3.1 三栏式明细账

1. 三栏式明细账账簿启用及交接表

账簿启用及交接表

单位名称		印鉴
账簿名称	（第 册）	中国琴岛家居用品有限公司
账簿编号		
账簿页数	本账簿共计 页（页数检点人盖章 ）	
启用日期	公元 年 月 日	

经管人员	负责人		主办会计		复核		记账	
	姓名	盖章	姓名	盖章	姓名	盖章	姓名	盖章

交接记录	经管人员		接管				交出			
	职别	姓名	年	月	日	盖章	年	月	日	盖章

备注	

目　录

2. 三栏式明细账目录

编号	科　目	起讫页码	编号	科　目	起讫页码

目　录

编号	科　　目	起讫页码	编号	科　　目	起讫页码

目 录

编号	科 目	起讫页码	编号	科 目	起讫页码

目　录

编号	科　　目	起讫页码	编号	科　　目	起讫页码

目　　录

编号	科　　目	起讫页码	编号	科　　目	起讫页码

……级科目编号及名称……

……级科目编号及名称……

年		凭证		摘要	对应科目	日页	借方											贷方											借或贷	余额										
月	日	种类	号数				千	百	十	万	千	百	十	元	角	分	√	千	百	十	万	千	百	十	元	角	分	√		千	百	十	万	千	百	十	元	角	分	√

……级科目编号及名称……

……级科目编号及名称……

年		凭证		摘要	对应科目	日页	借方											贷方											借或贷	余额										
月	日	种类	号数				千	百	十	万	千	百	十	元	角	分	√	千	百	十	万	千	百	十	元	角	分	√		千	百	十	万	千	百	十	元	角	分	√

……级科目编号及名称……

……级科目编号及名称……

年		凭证		摘要	对应科目	日页	借方											贷方											借或贷	余额										
月	日	种类	号数				千	百	十	万	千	百	十	元	角	分	√	千	百	十	万	千	百	十	元	角	分	√		千	百	十	万	千	百	十	元	角	分	√

……级科目编号及名称……

……级科目编号及名称……

年		凭证		摘要	对应科目	日页	借方											贷方											借或贷	余额										
月	日	种类	号数				千	百	十	万	千	百	十	元	角	分	√	千	百	十	万	千	百	十	元	角	分	√		千	百	十	万	千	百	十	元	角	分	√

……级科目编号及名称……

……级科目编号及名称……

年		凭证		摘要	对应科目	日页	借方											贷方											借或贷	余额										
月	日	种类	号数				千	百	十	万	千	百	十	元	角	分	√	千	百	十	万	千	百	十	元	角	分	√		千	百	十	万	千	百	十	元	角	分	√

……级科目编号及名称……

……级科目编号及名称……

年		凭证		摘要	对应科目	日页	借方											贷方											借或贷	余额										
月	日	种类	号数				千	百	十	万	千	百	十	元	角	分	√	千	百	十	万	千	百	十	元	角	分	√		千	百	十	万	千	百	十	元	角	分	√

……级科目编号及名称……

……级科目编号及名称……

年		凭证		摘要	对应科目	日页	借方											贷方											借或贷	余额										
月	日	种类	号数				千	百	十	万	千	百	十	元	角	分	√	千	百	十	万	千	百	十	元	角	分	√		千	百	十	万	千	百	十	元	角	分	√

……级科目编号及名称……

……级科目编号及名称……

年		凭证		摘要	对应科目	日页	借方											贷方											借或贷	余额										
月	日	种类	号数				千	百	十	万	千	百	十	元	角	分	√	千	百	十	万	千	百	十	元	角	分	√		千	百	十	万	千	百	十	元	角	分	√

……级科目编号及名称……

……级科目编号及名称……

年		凭证		摘要	对应科目	日页	借方											贷方											借或贷	余额										
月	日	种类	号数				千	百	十	万	千	百	十	元	角	分	√	千	百	十	万	千	百	十	元	角	分	√		千	百	十	万	千	百	十	元	角	分	√

……级科目编号及名称……

……级科目编号及名称……

年		凭证		摘要	对应科目	日页	借方											贷方											借或贷	余额										
月	日	种类	号数				千	百	十	万	千	百	十	元	角	分	√	千	百	十	万	千	百	十	元	角	分	√		千	百	十	万	千	百	十	元	角	分	√

……级科目编号及名称……

……级科目编号及名称……

年		凭证		摘要	对应科目	日页	借方											贷方											借或贷	余额										
月	日	种类	号数				千	百	十	万	千	百	十	元	角	分	√	千	百	十	万	千	百	十	元	角	分	√		千	百	十	万	千	百	十	元	角	分	√

……级科目编号及名称……

……级科目编号及名称……

年		凭证		摘要	对应科目	日页	借方											贷方											借或贷	余额										
月	日	种类	号数				千	百	十	万	千	百	十	元	角	分	√	千	百	十	万	千	百	十	元	角	分	√		千	百	十	万	千	百	十	元	角	分	√

……级科目编号及名称……

……级科目编号及名称……

年		凭证		摘要	对应科目	日页	借方											贷方											借或贷	余额										
月	日	种类	号数				千	百	十	万	千	百	十	元	角	分	√	千	百	十	万	千	百	十	元	角	分	√		千	百	十	万	千	百	十	元	角	分	√

……级科目编号及名称……

……级科目编号及名称……

年		凭证		摘要	对应科目	日页	借方											贷方											借或贷	余额										
月	日	种类	号数				千	百	十	万	千	百	十	元	角	分	√	千	百	十	万	千	百	十	元	角	分	√		千	百	十	万	千	百	十	元	角	分	√

……级科目编号及名称……

……级科目编号及名称……

年		凭证		摘要	对应科目	日页	借方											贷方											借或贷	余额										
月	日	种类	号数				千	百	十	万	千	百	十	元	角	分	√	千	百	十	万	千	百	十	元	角	分	√		千	百	十	万	千	百	十	元	角	分	√

……级科目编号及名称……

……级科目编号及名称……

年		凭证		摘要	对应科目	日页	借方											贷方											借或贷	余额										
月	日	种类	号数				千	百	十	万	千	百	十	元	角	分	√	千	百	十	万	千	百	十	元	角	分	√		千	百	十	万	千	百	十	元	角	分	√

………级科目编号及名称………………

………级科目编号及名称………………

年		凭证		摘要	对应科目	日页	借方											贷方											借或贷	余额										
月	日	种类	号数				千	百	十	万	千	百	十	元	角	分	√	千	百	十	万	千	百	十	元	角	分	√		千	百	十	万	千	百	十	元	角	分	√

………级科目编号及名称………………

………级科目编号及名称………………

年		凭证		摘要	对应科目	日页	借方											贷方											借或贷	余额										
月	日	种类	号数				千	百	十	万	千	百	十	元	角	分	√	千	百	十	万	千	百	十	元	角	分	√		千	百	十	万	千	百	十	元	角	分	√

级科目编号及名称

级科目编号及名称

年		凭证		摘要	对应科目	日页	借方											贷方											借或贷	余额										
月	日	种类	号数				千	百	十	万	千	百	十	元	角	分	√	千	百	十	万	千	百	十	元	角	分	√		千	百	十	万	千	百	十	元	角	分	√

级科目编号及名称

级科目编号及名称

年		凭证		摘要	对应科目	日页	借方											贷方											借或贷	余额										
月	日	种类	号数				千	百	十	万	千	百	十	元	角	分	√	千	百	十	万	千	百	十	元	角	分	√		千	百	十	万	千	百	十	元	角	分	√

……级科目编号及名称……

……级科目编号及名称……

年		凭证		摘要	对应科目	日页	借方		贷方		借或贷	余额	
月	日	种类	号数				千百十万千百十元角分	√	千百十万千百十元角分	√		千百十万千百十元角分	√

……级科目编号及名称……

……级科目编号及名称……

年		凭证		摘要	对应科目	日页	借方		贷方		借或贷	余额	
月	日	种类	号数				千百十万千百十元角分	√	千百十万千百十元角分	√		千百十万千百十元角分	√

……级科目编号及名称……

……级科目编号及名称……

年		凭证		摘要	对应科目	日页	借方											贷方											借或贷	余额										
月	日	种类	号数				千	百	十	万	千	百	十	元	角	分	√	千	百	十	万	千	百	十	元	角	分	√		千	百	十	万	千	百	十	元	角	分	√

……级科目编号及名称……

……级科目编号及名称……

年		凭证		摘要	对应科目	日页	借方											贷方											借或贷	余额										
月	日	种类	号数				千	百	十	万	千	百	十	元	角	分	√	千	百	十	万	千	百	十	元	角	分	√		千	百	十	万	千	百	十	元	角	分	√

……级科目编号及名称……

……级科目编号及名称……

年		凭证		摘要	对应科目	日页	借方											贷方											借或贷	余额										
月	日	种类	号数				千	百	十	万	千	百	十	元	角	分	√	千	百	十	万	千	百	十	元	角	分	√		千	百	十	万	千	百	十	元	角	分	√

……级科目编号及名称……

……级科目编号及名称……

年		凭证		摘要	对应科目	日页	借方											贷方											借或贷	余额										
月	日	种类	号数				千	百	十	万	千	百	十	元	角	分	√	千	百	十	万	千	百	十	元	角	分	√		千	百	十	万	千	百	十	元	角	分	√

……级科目编号及名称……

……级科目编号及名称……

年		凭证		摘要	对应科目	日页	借方											贷方											借或贷	余额										
月	日	种类	号数				千	百	十	万	千	百	十	元	角	分	√	千	百	十	万	千	百	十	元	角	分	√		千	百	十	万	千	百	十	元	角	分	√

……级科目编号及名称……

……级科目编号及名称……

年		凭证		摘要	对应科目	日页	借方											贷方											借或贷	余额										
月	日	种类	号数				千	百	十	万	千	百	十	元	角	分	√	千	百	十	万	千	百	十	元	角	分	√		千	百	十	万	千	百	十	元	角	分	√

……级科目编号及名称……

……级科目编号及名称……

年		凭证		摘要	对应科目	日页	借方											贷方											借或贷	余额										
月	日	种类	号数				千	百	十	万	千	百	十	元	角	分	√	千	百	十	万	千	百	十	元	角	分	√		千	百	十	万	千	百	十	元	角	分	√

……级科目编号及名称……

……级科目编号及名称……

年		凭证		摘要	对应科目	日页	借方											贷方											借或贷	余额										
月	日	种类	号数				千	百	十	万	千	百	十	元	角	分	√	千	百	十	万	千	百	十	元	角	分	√		千	百	十	万	千	百	十	元	角	分	√

……级科目编号及名称……

……级科目编号及名称……

年		凭证		摘要	对应科目	日页	借方											贷方											借或贷	余额										
月	日	种类	号数				千	百	十	万	千	百	十	元	角	分	√	千	百	十	万	千	百	十	元	角	分	√		千	百	十	万	千	百	十	元	角	分	√

……级科目编号及名称……

……级科目编号及名称……

年		凭证		摘要	对应科目	日页	借方											贷方											借或贷	余额										
月	日	种类	号数				千	百	十	万	千	百	十	元	角	分	√	千	百	十	万	千	百	十	元	角	分	√		千	百	十	万	千	百	十	元	角	分	√

……级科目编号及名称……

……级科目编号及名称……

年		凭证		摘要	对应科目	日页	借方											贷方											借或贷	余额										
月	日	种类	号数				千	百	十	万	千	百	十	元	角	分	√	千	百	十	万	千	百	十	元	角	分	√		千	百	十	万	千	百	十	元	角	分	√

……级科目编号及名称……

……级科目编号及名称……

年		凭证		摘要	对应科目	日页	借方											贷方											借或贷	余额										
月	日	种类	号数				千	百	十	万	千	百	十	元	角	分	√	千	百	十	万	千	百	十	元	角	分	√		千	百	十	万	千	百	十	元	角	分	√

……级科目编号及名称……

……级科目编号及名称……

年		凭证		摘要	对应科目	日页	借方											贷方											借或贷	余额										
月	日	种类	号数				千	百	十	万	千	百	十	元	角	分	√	千	百	十	万	千	百	十	元	角	分	√		千	百	十	万	千	百	十	元	角	分	√

……级科目编号及名称……

……级科目编号及名称……

年		凭证		摘要	对应科目	日页	借方											贷方											借或贷	余额										
月	日	种类	号数				千	百	十	万	千	百	十	元	角	分	√	千	百	十	万	千	百	十	元	角	分	√		千	百	十	万	千	百	十	元	角	分	√

……级科目编号及名称……

……级科目编号及名称……

年		凭证		摘要	对应科目	日页	借方											贷方											借或贷	余额										
月	日	种类	号数				千	百	十	万	千	百	十	元	角	分	√	千	百	十	万	千	百	十	元	角	分	√		千	百	十	万	千	百	十	元	角	分	√

……级科目编号及名称……

……级科目编号及名称……

年		凭证		摘要	对应科目	日页	借方											贷方											借或贷	余额										
月	日	种类	号数				千	百	十	万	千	百	十	元	角	分	√	千	百	十	万	千	百	十	元	角	分	√		千	百	十	万	千	百	十	元	角	分	√

……级科目编号及名称……

……级科目编号及名称……

年		凭证		摘要	对应科目	日页	借方											贷方											借或贷	余额										
月	日	种类	号数				千	百	十	万	千	百	十	元	角	分	√	千	百	十	万	千	百	十	元	角	分	√		千	百	十	万	千	百	十	元	角	分	√

……级科目编号及名称……

……级科目编号及名称……

年		凭证		摘要	对应科目	日页	借方											贷方											借或贷	余额										
月	日	种类	号数				千	百	十	万	千	百	十	元	角	分	√	千	百	十	万	千	百	十	元	角	分	√		千	百	十	万	千	百	十	元	角	分	√

……级科目编号及名称……

……级科目编号及名称……

年		凭证		摘要	对应科目	日页	借方											贷方											借或贷	余额										
月	日	种类	号数				千	百	十	万	千	百	十	元	角	分	√	千	百	十	万	千	百	十	元	角	分	√		千	百	十	万	千	百	十	元	角	分	√

……级科目编号及名称……

……级科目编号及名称……

年		凭证		摘要	对应科目	日页	借方											贷方											借或贷	余额										
月	日	种类	号数				千	百	十	万	千	百	十	元	角	分	√	千	百	十	万	千	百	十	元	角	分	√		千	百	十	万	千	百	十	元	角	分	√

……级科目编号及名称……

……级科目编号及名称……

年		凭证		摘要	对应科目	日页	借方											贷方											借或贷	余额										
月	日	种类	号数				千	百	十	万	千	百	十	元	角	分	√	千	百	十	万	千	百	十	元	角	分	√		千	百	十	万	千	百	十	元	角	分	√

……级科目编号及名称……

……级科目编号及名称……

年		凭证		摘要	对应科目	日页	借方											贷方											借或贷	余额										
月	日	种类	号数				千	百	十	万	千	百	十	元	角	分	√	千	百	十	万	千	百	十	元	角	分	√		千	百	十	万	千	百	十	元	角	分	√

……级科目编号及名称……

……级科目编号及名称……

年		凭证		摘要	对应科目	日页	借方											贷方											借或贷	余额										
月	日	种类	号数				千	百	十	万	千	百	十	元	角	分	√	千	百	十	万	千	百	十	元	角	分	√		千	百	十	万	千	百	十	元	角	分	√

……级科目编号及名称……

……级科目编号及名称……

年		凭证		摘要	对应科目	日页	借方											贷方											借或贷	余额										
月	日	种类	号数				千	百	十	万	千	百	十	元	角	分	√	千	百	十	万	千	百	十	元	角	分	√		千	百	十	万	千	百	十	元	角	分	√

……级科目编号及名称……

……级科目编号及名称……

年		凭证		摘要	对应科目	日页	借方											贷方											借或贷	余额										
月	日	种类	号数				千	百	十	万	千	百	十	元	角	分	√	千	百	十	万	千	百	十	元	角	分	√		千	百	十	万	千	百	十	元	角	分	√

……级科目编号及名称……

……级科目编号及名称……

年		凭证		摘要	对应科目	日页	借方											贷方											借或贷	余额										
月	日	种类	号数				千	百	十	万	千	百	十	元	角	分	√	千	百	十	万	千	百	十	元	角	分	√		千	百	十	万	千	百	十	元	角	分	√

……级科目编号及名称……

……级科目编号及名称……

年		凭证		摘要	对应科目	日页	借方											贷方											借或贷	余额										
月	日	种类	号数				千	百	十	万	千	百	十	元	角	分	√	千	百	十	万	千	百	十	元	角	分	√		千	百	十	万	千	百	十	元	角	分	√

……级科目编号及名称……

……级科目编号及名称……

年		凭证		摘要	对应科目	日页	借方											贷方											借或贷	余额										
月	日	种类	号数				千	百	十	万	千	百	十	元	角	分	√	千	百	十	万	千	百	十	元	角	分	√		千	百	十	万	千	百	十	元	角	分	√

…………级科目编号及名称…………

…………级科目编号及名称…………

年		凭证		摘要	对应科目	日页	借方											贷方											借或贷	余额										
月	日	种类	号数				千	百	十	万	千	百	十	元	角	分	√	千	百	十	万	千	百	十	元	角	分	√		千	百	十	万	千	百	十	元	角	分	√

…………级科目编号及名称…………

…………级科目编号及名称…………

年		凭证		摘要	对应科目	日页	借方											贷方											借或贷	余额										
月	日	种类	号数				千	百	十	万	千	百	十	元	角	分	√	千	百	十	万	千	百	十	元	角	分	√		千	百	十	万	千	百	十	元	角	分	√

……级科目编号及名称……

……级科目编号及名称……

年		凭证		摘要	对应科目	日页	借方											贷方											借或贷	余额										
月	日	种类	号数				千	百	十	万	千	百	十	元	角	分	√	千	百	十	万	千	百	十	元	角	分	√		千	百	十	万	千	百	十	元	角	分	√

……级科目编号及名称……

……级科目编号及名称……

年		凭证		摘要	对应科目	日页	借方											贷方											借或贷	余额										
月	日	种类	号数				千	百	十	万	千	百	十	元	角	分	√	千	百	十	万	千	百	十	元	角	分	√		千	百	十	万	千	百	十	元	角	分	√

……级科目编号及名称……

……级科目编号及名称……

年		凭证		摘要	对应科目	日页	借方											贷方											借或贷	余额										
月	日	种类	号数				千	百	十	万	千	百	十	元	角	分	√	千	百	十	万	千	百	十	元	角	分	√		千	百	十	万	千	百	十	元	角	分	√

……级科目编号及名称……

……级科目编号及名称……

年		凭证		摘要	对应科目	日页	借方											贷方											借或贷	余额										
月	日	种类	号数				千	百	十	万	千	百	十	元	角	分	√	千	百	十	万	千	百	十	元	角	分	√		千	百	十	万	千	百	十	元	角	分	√

……级科目编号及名称……
……级科目编号及名称……

年		凭证		摘要	对应科目	日页	借方											贷方											借或贷	余额										
月	日	种类	号数				千	百	十	万	千	百	十	元	角	分	√	千	百	十	万	千	百	十	元	角	分	√		千	百	十	万	千	百	十	元	角	分	√

……级科目编号及名称……
……级科目编号及名称……

年		凭证		摘要	对应科目	日页	借方											贷方											借或贷	余额										
月	日	种类	号数				千	百	十	万	千	百	十	元	角	分	√	千	百	十	万	千	百	十	元	角	分	√		千	百	十	万	千	百	十	元	角	分	√

……级科目编号及名称……

……级科目编号及名称……

年		凭证		摘要	对应科目	日页	借方											贷方											借或贷	余额										
月	日	种类	号数				千	百	十	万	千	百	十	元	角	分	√	千	百	十	万	千	百	十	元	角	分	√		千	百	十	万	千	百	十	元	角	分	√

……级科目编号及名称……

……级科目编号及名称……

年		凭证		摘要	对应科目	日页	借方											贷方											借或贷	余额										
月	日	种类	号数				千	百	十	万	千	百	十	元	角	分	√	千	百	十	万	千	百	十	元	角	分	√		千	百	十	万	千	百	十	元	角	分	√

......级科目编号及名称......

......级科目编号及名称......

年		凭证		摘要	对应科目	日页	借方											贷方											借或贷	余额										
月	日	种类	号数				千	百	十	万	千	百	十	元	角	分	√	千	百	十	万	千	百	十	元	角	分	√		千	百	十	万	千	百	十	元	角	分	√

......级科目编号及名称......

......级科目编号及名称......

年		凭证		摘要	对应科目	日页	借方											贷方											借或贷	余额										
月	日	种类	号数				千	百	十	万	千	百	十	元	角	分	√	千	百	十	万	千	百	十	元	角	分	√		千	百	十	万	千	百	十	元	角	分	√

……级科目编号及名称……

……级科目编号及名称……

年		凭证		摘要	对应科目	日页	借方											贷方											借或贷	余额										
月	日	种类	号数				千	百	十	万	千	百	十	元	角	分	√	千	百	十	万	千	百	十	元	角	分	√		千	百	十	万	千	百	十	元	角	分	√

……级科目编号及名称……

……级科目编号及名称……

年		凭证		摘要	对应科目	日页	借方											贷方											借或贷	余额										
月	日	种类	号数				千	百	十	万	千	百	十	元	角	分	√	千	百	十	万	千	百	十	元	角	分	√		千	百	十	万	千	百	十	元	角	分	√

……级科目编号及名称……

……级科目编号及名称……

年		凭证		摘要	对应科目	日页	借方											贷方											借或贷	余额										
月	日	种类	号数				千	百	十	万	千	百	十	元	角	分	√	千	百	十	万	千	百	十	元	角	分	√		千	百	十	万	千	百	十	元	角	分	√

……级科目编号及名称……

……级科目编号及名称……

年		凭证		摘要	对应科目	日页	借方											贷方											借或贷	余额										
月	日	种类	号数				千	百	十	万	千	百	十	元	角	分	√	千	百	十	万	千	百	十	元	角	分	√		千	百	十	万	千	百	十	元	角	分	√

……级科目编号及名称……

……级科目编号及名称……

年		凭证		摘要	对应科目	日页	借方											贷方											借或贷	余额										
月	日	种类	号数				千	百	十	万	千	百	十	元	角	分	√	千	百	十	万	千	百	十	元	角	分	√		千	百	十	万	千	百	十	元	角	分	√

……级科目编号及名称……

……级科目编号及名称……

年		凭证		摘要	对应科目	日页	借方											贷方											借或贷	余额										
月	日	种类	号数				千	百	十	万	千	百	十	元	角	分	√	千	百	十	万	千	百	十	元	角	分	√		千	百	十	万	千	百	十	元	角	分	√

……级科目编号及名称……

……级科目编号及名称……

年		凭证		摘要	对应科目	日页	借方											贷方											借或贷	余额										
月	日	种类	号数				千	百	十	万	千	百	十	元	角	分	√	千	百	十	万	千	百	十	元	角	分	√		千	百	十	万	千	百	十	元	角	分	√

……级科目编号及名称……

……级科目编号及名称……

年		凭证		摘要	对应科目	日页	借方											贷方											借或贷	余额										
月	日	种类	号数				千	百	十	万	千	百	十	元	角	分	√	千	百	十	万	千	百	十	元	角	分	√		千	百	十	万	千	百	十	元	角	分	√

……级科目编号及名称……

……级科目编号及名称……

年		凭证		摘要	对应科目	日页	借方											贷方											借或贷	余额										
月	日	种类	号数				千	百	十	万	千	百	十	元	角	分	√	千	百	十	万	千	百	十	元	角	分	√		千	百	十	万	千	百	十	元	角	分	√

……级科目编号及名称……

……级科目编号及名称……

年		凭证		摘要	对应科目	日页	借方											贷方											借或贷	余额										
月	日	种类	号数				千	百	十	万	千	百	十	元	角	分	√	千	百	十	万	千	百	十	元	角	分	√		千	百	十	万	千	百	十	元	角	分	√

……级科目编号及名称……

……级科目编号及名称……

年		凭证		摘要	对应科目	日页	借方											贷方											借或贷	余额										
月	日	种类	号数				千	百	十	万	千	百	十	元	角	分	√	千	百	十	万	千	百	十	元	角	分	√		千	百	十	万	千	百	十	元	角	分	√

……级科目编号及名称……

……级科目编号及名称……

年		凭证		摘要	对应科目	日页	借方											贷方											借或贷	余额										
月	日	种类	号数				千	百	十	万	千	百	十	元	角	分	√	千	百	十	万	千	百	十	元	角	分	√		千	百	十	万	千	百	十	元	角	分	√

……级科目编号及名称……

……级科目编号及名称……

年		凭证		摘要	对应科目	日页	借方											贷方											借或贷	余额										
月	日	种类	号数				千	百	十	万	千	百	十	元	角	分	√	千	百	十	万	千	百	十	元	角	分	√		千	百	十	万	千	百	十	元	角	分	√

……级科目编号及名称……

……级科目编号及名称……

年		凭证		摘要	对应科目	日页	借方											贷方											借或贷	余额										
月	日	种类	号数				千	百	十	万	千	百	十	元	角	分	√	千	百	十	万	千	百	十	元	角	分	√		千	百	十	万	千	百	十	元	角	分	√

……级科目编号及名称……

……级科目编号及名称……

年		凭证		摘要	对应科目	日页	借方											贷方											借或贷	余额										
月	日	种类	号数				千	百	十	万	千	百	十	元	角	分	√	千	百	十	万	千	百	十	元	角	分	√		千	百	十	万	千	百	十	元	角	分	√

……级科目编号及名称……

……级科目编号及名称……

年		凭证		摘要	对应科目	日页	借方											贷方											借或贷	余额										
月	日	种类	号数				千	百	十	万	千	百	十	元	角	分	√	千	百	十	万	千	百	十	元	角	分	√		千	百	十	万	千	百	十	元	角	分	√

……级科目编号及名称……

……级科目编号及名称……

年		凭证		摘要	对应科目	日页	借方											贷方											借或贷	余额										
月	日	种类	号数				千	百	十	万	千	百	十	元	角	分	√	千	百	十	万	千	百	十	元	角	分	√		千	百	十	万	千	百	十	元	角	分	√

……级科目编号及名称……

……级科目编号及名称……

年		凭证		摘要	对应科目	日页	借方											贷方											借或贷	余额										
月	日	种类	号数				千	百	十	万	千	百	十	元	角	分	√	千	百	十	万	千	百	十	元	角	分	√		千	百	十	万	千	百	十	元	角	分	√

……级科目编号及名称……

……级科目编号及名称……

年		凭证		摘要	对应科目	日页	借方											贷方											借或贷	余额										
月	日	种类	号数				千	百	十	万	千	百	十	元	角	分	√	千	百	十	万	千	百	十	元	角	分	√		千	百	十	万	千	百	十	元	角	分	√

……级科目编号及名称……

……级科目编号及名称……

年		凭证		摘要	对应科目	日页	借方											贷方											借或贷	余额										
月	日	种类	号数				千	百	十	万	千	百	十	元	角	分	√	千	百	十	万	千	百	十	元	角	分	√		千	百	十	万	千	百	十	元	角	分	√

……级科目编号及名称……

……级科目编号及名称……

年		凭证		摘要	对应科目	日页	借方											贷方											借或贷	余额										
月	日	种类	号数				千	百	十	万	千	百	十	元	角	分	√	千	百	十	万	千	百	十	元	角	分	√		千	百	十	万	千	百	十	元	角	分	√

……级科目编号及名称……

……级科目编号及名称……

年		凭证		摘要	对应科目	日页	借方											贷方											借或贷	余额										
月	日	种类	号数				千	百	十	万	千	百	十	元	角	分	√	千	百	十	万	千	百	十	元	角	分	√		千	百	十	万	千	百	十	元	角	分	√

……级科目编号及名称……

……级科目编号及名称……

年		凭证		摘要	对应科目	日页	借方											贷方											借或贷	余额										
月	日	种类	号数				千	百	十	万	千	百	十	元	角	分	√	千	百	十	万	千	百	十	元	角	分	√		千	百	十	万	千	百	十	元	角	分	√

……级科目编号及名称……

……级科目编号及名称……

年		凭证		摘要	对应科目	日页	借方											贷方											借或贷	余额										
月	日	种类	号数				千	百	十	万	千	百	十	元	角	分	√	千	百	十	万	千	百	十	元	角	分	√		千	百	十	万	千	百	十	元	角	分	√

……级科目编号及名称……

……级科目编号及名称……

年		凭证		摘要	对应科目	日页	借方											贷方											借或贷	余额										
月	日	种类	号数				千	百	十	万	千	百	十	元	角	分	√	千	百	十	万	千	百	十	元	角	分	√		千	百	十	万	千	百	十	元	角	分	√

……级科目编号及名称……

……级科目编号及名称……

年		凭证		摘要	对应科目	日页	借方											贷方											借或贷	余额										
月	日	种类	号数				千	百	十	万	千	百	十	元	角	分	√	千	百	十	万	千	百	十	元	角	分	√		千	百	十	万	千	百	十	元	角	分	√

级科目编号及名称

级科目编号及名称

年		凭证		摘要	对应科目	日页	借方										√	贷方										√	借或贷	余额										√
月	日	种类	号数				千	百	十	万	千	百	十	元	角	分		千	百	十	万	千	百	十	元	角	分			千	百	十	万	千	百	十	元	角	分	

级科目编号及名称

级科目编号及名称

年		凭证		摘要	对应科目	日页	借方										√	贷方										√	借或贷	余额										√
月	日	种类	号数				千	百	十	万	千	百	十	元	角	分		千	百	十	万	千	百	十	元	角	分			千	百	十	万	千	百	十	元	角	分	

……级科目编号及名称……

……级科目编号及名称……

年		凭证		摘要	对应科目	日页	借方											贷方											借或贷	余额										
月	日	种类	号数				千	百	十	万	千	百	十	元	角	分	√	千	百	十	万	千	百	十	元	角	分	√		千	百	十	万	千	百	十	元	角	分	√

……级科目编号及名称……

……级科目编号及名称……

年		凭证		摘要	对应科目	日页	借方											贷方											借或贷	余额										
月	日	种类	号数				千	百	十	万	千	百	十	元	角	分	√	千	百	十	万	千	百	十	元	角	分	√		千	百	十	万	千	百	十	元	角	分	√

……级科目编号及名称……

……级科目编号及名称……

年		凭证		摘要	对应科目	日页	借方											贷方											借或贷	余额										
月	日	种类	号数				千	百	十	万	千	百	十	元	角	分	√	千	百	十	万	千	百	十	元	角	分	√		千	百	十	万	千	百	十	元	角	分	√

……级科目编号及名称……

……级科目编号及名称……

年		凭证		摘要	对应科目	日页	借方											贷方											借或贷	余额										
月	日	种类	号数				千	百	十	万	千	百	十	元	角	分	√	千	百	十	万	千	百	十	元	角	分	√		千	百	十	万	千	百	十	元	角	分	√

……级科目编号及名称……

……级科目编号及名称……

年		凭证		摘要	对应科目	日页	借方											贷方											借或贷	余额										
月	日	种类	号数				千	百	十	万	千	百	十	元	角	分	√	千	百	十	万	千	百	十	元	角	分	√		千	百	十	万	千	百	十	元	角	分	√

……级科目编号及名称……

……级科目编号及名称……

年		凭证		摘要	对应科目	日页	借方											贷方											借或贷	余额										
月	日	种类	号数				千	百	十	万	千	百	十	元	角	分	√	千	百	十	万	千	百	十	元	角	分	√		千	百	十	万	千	百	十	元	角	分	√

…………级科目编号及名称……………………………………

…………级科目编号及名称……………………………………

年		凭证		摘要	对应科目	日页	借方											贷方											借或贷	余额										
月	日	种类	号数				千	百	十	万	千	百	十	元	角	分	√	千	百	十	万	千	百	十	元	角	分	√		千	百	十	万	千	百	十	元	角	分	√

…………级科目编号及名称……………………………………

…………级科目编号及名称……………………………………

年		凭证		摘要	对应科目	日页	借方											贷方											借或贷	余额										
月	日	种类	号数				千	百	十	万	千	百	十	元	角	分	√	千	百	十	万	千	百	十	元	角	分	√		千	百	十	万	千	百	十	元	角	分	√

……级科目编号及名称……

……级科目编号及名称……

年		凭证		摘要	对应科目	日页	借方											贷方											借或贷	余额										
月	日	种类	号数				千	百	十	万	千	百	十	元	角	分	√	千	百	十	万	千	百	十	元	角	分	√		千	百	十	万	千	百	十	元	角	分	√

……级科目编号及名称……

……级科目编号及名称……

年		凭证		摘要	对应科目	日页	借方											贷方											借或贷	余额										
月	日	种类	号数				千	百	十	万	千	百	十	元	角	分	√	千	百	十	万	千	百	十	元	角	分	√		千	百	十	万	千	百	十	元	角	分	√

……级科目编号及名称……

……级科目编号及名称……

年		凭证		摘要	对应科目	日页	借方											贷方											借或贷	余额										
月	日	种类	号数				千	百	十	万	千	百	十	元	角	分	√	千	百	十	万	千	百	十	元	角	分	√		千	百	十	万	千	百	十	元	角	分	√

……级科目编号及名称……

……级科目编号及名称……

年		凭证		摘要	对应科目	日页	借方											贷方											借或贷	余额										
月	日	种类	号数				千	百	十	万	千	百	十	元	角	分	√	千	百	十	万	千	百	十	元	角	分	√		千	百	十	万	千	百	十	元	角	分	√

……级科目编号及名称……

……级科目编号及名称……

年		凭证		摘要	对应科目	日页	借方											贷方											借或贷	余额										
月	日	种类	号数				千	百	十	万	千	百	十	元	角	分	√	千	百	十	万	千	百	十	元	角	分	√		千	百	十	万	千	百	十	元	角	分	√

……级科目编号及名称……

……级科目编号及名称……

年		凭证		摘要	对应科目	日页	借方											贷方											借或贷	余额										
月	日	种类	号数				千	百	十	万	千	百	十	元	角	分	√	千	百	十	万	千	百	十	元	角	分	√		千	百	十	万	千	百	十	元	角	分	√

……级科目编号及名称……

……级科目编号及名称……

年		凭证		摘要	对应科目	日页	借方											贷方											借或贷	余额										
月	日	种类	号数				千	百	十	万	千	百	十	元	角	分	√	千	百	十	万	千	百	十	元	角	分	√		千	百	十	万	千	百	十	元	角	分	√

……级科目编号及名称……

……级科目编号及名称……

年		凭证		摘要	对应科目	日页	借方											贷方											借或贷	余额										
月	日	种类	号数				千	百	十	万	千	百	十	元	角	分	√	千	百	十	万	千	百	十	元	角	分	√		千	百	十	万	千	百	十	元	角	分	√

……级科目编号及名称……

……级科目编号及名称……

年		凭证		摘要	对应科目	日页	借方											贷方											借或贷	余额										
月	日	种类	号数				千	百	十	万	千	百	十	元	角	分	√	千	百	十	万	千	百	十	元	角	分	√		千	百	十	万	千	百	十	元	角	分	√

……级科目编号及名称……

……级科目编号及名称……

年		凭证		摘要	对应科目	日页	借方											贷方											借或贷	余额										
月	日	种类	号数				千	百	十	万	千	百	十	元	角	分	√	千	百	十	万	千	百	十	元	角	分	√		千	百	十	万	千	百	十	元	角	分	√

……级科目编号及名称……

……级科目编号及名称……

年		凭证		摘要	对应科目	日页	借方											贷方											借或贷	余额										
月	日	种类	号数				千	百	十	万	千	百	十	元	角	分	√	千	百	十	万	千	百	十	元	角	分	√		千	百	十	万	千	百	十	元	角	分	√

……级科目编号及名称……

……级科目编号及名称……

年		凭证		摘要	对应科目	日页	借方											贷方											借或贷	余额										
月	日	种类	号数				千	百	十	万	千	百	十	元	角	分	√	千	百	十	万	千	百	十	元	角	分	√		千	百	十	万	千	百	十	元	角	分	√

……级科目编号及名称……

……级科目编号及名称……

年		凭证		摘要	对应科目	日页	借方											贷方											借或贷	余额										
月	日	种类	号数				千	百	十	万	千	百	十	元	角	分	√	千	百	十	万	千	百	十	元	角	分	√		千	百	十	万	千	百	十	元	角	分	√

……级科目编号及名称……

……级科目编号及名称……

年		凭证		摘要	对应科目	日页	借方											贷方											借或贷	余额										
月	日	种类	号数				千	百	十	万	千	百	十	元	角	分	√	千	百	十	万	千	百	十	元	角	分	√		千	百	十	万	千	百	十	元	角	分	√

……级科目编号及名称……

……级科目编号及名称……

年		凭证		摘要	对应科目	日页	借方											贷方											借或贷	余额										
月	日	种类	号数				千	百	十	万	千	百	十	元	角	分	√	千	百	十	万	千	百	十	元	角	分	√		千	百	十	万	千	百	十	元	角	分	√

……级科目编号及名称……

……级科目编号及名称……

年		凭证		摘要	对应科目	日页	借方											贷方											借或贷	余额										
月	日	种类	号数				千	百	十	万	千	百	十	元	角	分	√	千	百	十	万	千	百	十	元	角	分	√		千	百	十	万	千	百	十	元	角	分	√

……级科目编号及名称……

……级科目编号及名称……

年		凭证		摘要	对应科目	日页	借方											贷方											借或贷	余额										
月	日	种类	号数				千	百	十	万	千	百	十	元	角	分	√	千	百	十	万	千	百	十	元	角	分	√		千	百	十	万	千	百	十	元	角	分	√

……级科目编号及名称……

……级科目编号及名称……

年		凭证		摘要	对应科目	日页	借方											贷方											借或贷	余额										
月	日	种类	号数				千	百	十	万	千	百	十	元	角	分	√	千	百	十	万	千	百	十	元	角	分	√		千	百	十	万	千	百	十	元	角	分	√

……级科目编号及名称……

……级科目编号及名称……

年		凭证		摘要	对应科目	日页	借方											贷方											借或贷	余额										
月	日	种类	号数				千	百	十	万	千	百	十	元	角	分	√	千	百	十	万	千	百	十	元	角	分	√		千	百	十	万	千	百	十	元	角	分	√

……级科目编号及名称……

……级科目编号及名称……

年		凭证		摘要	对应科目	日页	借方											贷方											借或贷	余额										
月	日	种类	号数				千	百	十	万	千	百	十	元	角	分	√	千	百	十	万	千	百	十	元	角	分	√		千	百	十	万	千	百	十	元	角	分	√

……级科目编号及名称……

……级科目编号及名称……

年		凭证		摘要	对应科目	日页	借方											贷方											借或贷	余额										
月	日	种类	号数				千	百	十	万	千	百	十	元	角	分	√	千	百	十	万	千	百	十	元	角	分	√		千	百	十	万	千	百	十	元	角	分	√

……级科目编号及名称……

……级科目编号及名称……

年		凭证		摘要	对应科目	日页	借方											贷方											借或贷	余额										
月	日	种类	号数				千	百	十	万	千	百	十	元	角	分	√	千	百	十	万	千	百	十	元	角	分	√		千	百	十	万	千	百	十	元	角	分	√

…………级科目编号及名称……………………………………

…………级科目编号及名称……………………………………

年		凭证		摘要	对应科目	日页	借方										贷方										借或贷	余额									
月	日	种类	号数				千	百	十	万	千	百	十	元	角	分	√	千	百	十	万	千	百	十	元	角	分	√		千	百	十	万	千	百	十	元	角	分	√

…………级科目编号及名称……………………………………

…………级科目编号及名称……………………………………

年		凭证		摘要	对应科目	日页	借方										贷方										借或贷	余额									
月	日	种类	号数				千	百	十	万	千	百	十	元	角	分	√	千	百	十	万	千	百	十	元	角	分	√		千	百	十	万	千	百	十	元	角	分	√

……级科目编号及名称……

……级科目编号及名称……

年		凭证		摘要	对应科目	日页	借方											贷方											借或贷	余额										
月	日	种类	号数				千	百	十	万	千	百	十	元	角	分	√	千	百	十	万	千	百	十	元	角	分	√		千	百	十	万	千	百	十	元	角	分	√

……级科目编号及名称……

……级科目编号及名称……

年		凭证		摘要	对应科目	日页	借方											贷方											借或贷	余额										
月	日	种类	号数				千	百	十	万	千	百	十	元	角	分	√	千	百	十	万	千	百	十	元	角	分	√		千	百	十	万	千	百	十	元	角	分	√

……级科目编号及名称……

……级科目编号及名称……

年		凭证		摘要	对应科目	日页	借方	贷方	借或贷	余额
月	日	种类	号数				千百十万千百十元角分 √	千百十万千百十元角分 √		千百十万千百十元角分 √

……级科目编号及名称……

……级科目编号及名称……

年		凭证		摘要	对应科目	日页	借方	贷方	借或贷	余额
月	日	种类	号数				千百十万千百十元角分 √	千百十万千百十元角分 √		千百十万千百十元角分 √

……级科目编号及名称……
……级科目编号及名称……

年		凭证		摘要	对应科目	日页	借方											贷方											借或贷	余额										
月	日	种类	号数				千	百	十	万	千	百	十	元	角	分	√	千	百	十	万	千	百	十	元	角	分	√		千	百	十	万	千	百	十	元	角	分	√

……级科目编号及名称……
……级科目编号及名称……

年		凭证		摘要	对应科目	日页	借方											贷方											借或贷	余额										
月	日	种类	号数				千	百	十	万	千	百	十	元	角	分	√	千	百	十	万	千	百	十	元	角	分	√		千	百	十	万	千	百	十	元	角	分	√

……级科目编号及名称……

……级科目编号及名称……

年		凭证		摘要	对应科目	日	借方											贷方											借或贷	余额										
月	日	种类	号数			页	千	百	十	万	千	百	十	元	角	分	√	千	百	十	万	千	百	十	元	角	分	√		千	百	十	万	千	百	十	元	角	分	√

……级科目编号及名称……

……级科目编号及名称……

年		凭证		摘要	对应科目	日	借方											贷方											借或贷	余额										
月	日	种类	号数			页	千	百	十	万	千	百	十	元	角	分	√	千	百	十	万	千	百	十	元	角	分	√		千	百	十	万	千	百	十	元	角	分	√

……级科目编号及名称……

……级科目编号及名称……

年		凭证		摘要	对应科目	日页	借方											贷方											借或贷	余额										
月	日	种类	号数				千	百	十	万	千	百	十	元	角	分	√	千	百	十	万	千	百	十	元	角	分	√		千	百	十	万	千	百	十	元	角	分	√

……级科目编号及名称……

……级科目编号及名称……

年		凭证		摘要	对应科目	日页	借方											贷方											借或贷	余额										
月	日	种类	号数				千	百	十	万	千	百	十	元	角	分	√	千	百	十	万	千	百	十	元	角	分	√		千	百	十	万	千	百	十	元	角	分	√

……级科目编号及名称……

……级科目编号及名称……

年		凭证		摘要	对应科目	日页	借方											贷方											借或贷	余额										
月	日	种类	号数				千	百	十	万	千	百	十	元	角	分	√	千	百	十	万	千	百	十	元	角	分	√		千	百	十	万	千	百	十	元	角	分	√

……级科目编号及名称……

……级科目编号及名称……

年		凭证		摘要	对应科目	日页	借方											贷方											借或贷	余额										
月	日	种类	号数				千	百	十	万	千	百	十	元	角	分	√	千	百	十	万	千	百	十	元	角	分	√		千	百	十	万	千	百	十	元	角	分	√

……级科目编号及名称……

……级科目编号及名称……

年		凭证		摘要	对应科目	日页	借方											贷方											借或贷	余额										
月	日	种类	号数				千	百	十	万	千	百	十	元	角	分	√	千	百	十	万	千	百	十	元	角	分	√		千	百	十	万	千	百	十	元	角	分	√

……级科目编号及名称……

……级科目编号及名称……

年		凭证		摘要	对应科目	日页	借方											贷方											借或贷	余额										
月	日	种类	号数				千	百	十	万	千	百	十	元	角	分	√	千	百	十	万	千	百	十	元	角	分	√		千	百	十	万	千	百	十	元	角	分	√

2.3.2 数量金额式明细账

1. 数量金额式明细账账簿启用及交接表

账簿启用及交接表

单位名称		印鉴
账簿名称	（第　　册）	中国琴岛家居用品有限公司
账簿编号		
账簿页数	本账簿共计　　页（页数检点人盖章　　）	
启用日期	公元　　年　　月　　日	

经管人员	负责人		主办会计		复核		记账	
	姓名	盖章	姓名	盖章	姓名	盖章	姓名	盖章

交接记录	经管人员		接管				交出			
	职别	姓名	年	月	日	盖章	年	月	日	盖章

备注	

2. 数量金额式明细账目录

目　录

编号	科目	起讫页码	编号	科目	起讫页码

3. 数量金额式明细账账页

明细科目：

类　　别：　　　　品名：　　　　计量单位：

年		凭证		摘要	借方												贷方												借或贷	余额											
月	日	种类	号数		数量	单价	金额										数量	单价	金额											数量	单价	金额									
							千	百	十	万	千	百	十	元	角	分			千	百	十	万	千	百	十	元	角	分				千	百	十	万	千	百	十	元	角	分

明细科目：

类　　别：　　　　品名：　　　　计量单位：

年		凭证		摘要	借方												贷方												借或贷	余额											
月	日	种类	号数		数量	单价	金额										数量	单价	金额											数量	单价	金额									
							千	百	十	万	千	百	十	元	角	分			千	百	十	万	千	百	十	元	角	分				千	百	十	万	千	百	十	元	角	分

明细科目：

类　　别：　　　　品名：　　　　计量单位：

年		凭证		摘要	借方												贷方												借或贷	余额											
月	日	种类	号数		数量	单价	金额										数量	单价	金额											数量	单价	金额									
							千	百	十	万	千	百	十	元	角	分			千	百	十	万	千	百	十	元	角	分				千	百	十	万	千	百	十	元	角	分

明细科目：

类　别：　　　　品名：　　　　计量单位：

年		凭证		摘要	借方												贷方												借或贷	余额											
月	日	种类	号数		数量	单价	金额										数量	单价	金额											数量	单价	金额									
							千	百	十	万	千	百	十	元	角	分			千	百	十	万	千	百	十	元	角	分				千	百	十	万	千	百	十	元	角	分

明细科目：

类　　别：　　　　品名：　　　　计量单位：

年		凭证		摘要	借方												贷方												借或贷	余额											
							金额												金额													金额									
月	日	种类	号数		数量	单价	千	百	十	万	千	百	十	元	角	分	数量	单价	千	百	十	万	千	百	十	元	角	分		数量	单价	千	百	十	万	千	百	十	元	角	分

明细科目：

类　　别：　　　　品名：　　　　计量单位：

<table>
<tr><th colspan="2">年</th><th colspan="2">凭证</th><th rowspan="3">摘要</th><th colspan="12">借方</th><th colspan="12">贷方</th><th rowspan="3">借或贷</th><th colspan="12">余额</th></tr>
<tr><th rowspan="2">月</th><th rowspan="2">日</th><th rowspan="2">种类</th><th rowspan="2">号数</th><th rowspan="2">数量</th><th rowspan="2">单价</th><th colspan="10">金额</th><th rowspan="2">数量</th><th rowspan="2">单价</th><th colspan="10">金额</th><th rowspan="2">数量</th><th rowspan="2">单价</th><th colspan="10">金额</th></tr>
<tr><th>千</th><th>百</th><th>十</th><th>万</th><th>千</th><th>百</th><th>十</th><th>元</th><th>角</th><th>分</th><th>千</th><th>百</th><th>十</th><th>万</th><th>千</th><th>百</th><th>十</th><th>元</th><th>角</th><th>分</th><th>千</th><th>百</th><th>十</th><th>万</th><th>千</th><th>百</th><th>十</th><th>元</th><th>角</th><th>分</th></tr>
</table>

明细科目：

类　　别：　　　　品名：　　　　计量单位：

年		凭证		摘要	借方												贷方												借或贷	余额											
月	日	种类	号数		数量	单价	金额										数量	单价	金额											数量	单价	金额									
							千	百	十	万	千	百	十	元	角	分			千	百	十	万	千	百	十	元	角	分				千	百	十	万	千	百	十	元	角	分

明细科目：

类　　别：　　　　品名：　　　　计量单位：

年		凭证		摘要	借方												贷方												借或贷	余额											
月	日	种类	号数		数量	单价	金额										数量	单价	金额											数量	单价	金额									
							千	百	十	万	千	百	十	元	角	分			千	百	十	万	千	百	十	元	角	分				千	百	十	万	千	百	十	元	角	分

明细科目：

类　　别：　　　　品名：　　　　计量单位：

年		凭证		摘要	借方												贷方												借或贷	余额											
月	日	种类	号数		数量	单价	金额										数量	单价	金额											数量	单价	金额									
							千	百	十	万	千	百	十	元	角	分			千	百	十	万	千	百	十	元	角	分				千	百	十	万	千	百	十	元	角	分

明细科目：

类　　别：　　品名：　　计量单位：

年		凭证		摘要	借方												贷方												借或贷	余额											
月	日	种类	号数		数量	单价	金额										数量	单价	金额											数量	单价	金额									
							千	百	十	万	千	百	十	元	角	分			千	百	十	万	千	百	十	元	角	分				千	百	十	万	千	百	十	元	角	分

明细科目：

类　　别：　　　　品名：　　　　计量单位：

年		凭证		摘要	借方												贷方												借或贷	余额											
					数量	单价	金额										数量	单价	金额											数量	单价	金额									
月	日	种类	号数				千	百	十	万	千	百	十	元	角	分			千	百	十	万	千	百	十	元	角	分				千	百	十	万	千	百	十	元	角	分

明细科目：

类　　别：　　　　品名：　　　　计量单位：

年		凭证		摘要	借方												贷方												借或贷	余额											
月	日	种类	号数		数量	单价	金额										数量	单价	金额											数量	单价	金额									
							千	百	十	万	千	百	十	元	角	分			千	百	十	万	千	百	十	元	角	分				千	百	十	万	千	百	十	元	角	分

明细科目：

类　别：　　　　品名：　　　　计量单位：

年		凭证		摘要	借方												贷方												借或贷	余额											
					数量	单价	金额										数量	单价	金额											数量	单价	金额									
月	日	种类	号数				千	百	十	万	千	百	十	元	角	分			千	百	十	万	千	百	十	元	角	分				千	百	十	万	千	百	十	元	角	分

明细科目：

类　　别：　　　品名：　　　计量单位：

年		凭证		摘要	借方												贷方												借或贷	余额											
					数量	单价	金额										数量	单价	金额											数量	单价	金额									
月	日	种类	号数				千	百	十	万	千	百	十	元	角	分			千	百	十	万	千	百	十	元	角	分				千	百	十	万	千	百	十	元	角	分

明细科目：

类　　别：　　　　品名：　　　　计量单位：

年		凭证		摘要	借方												贷方												借或贷	余额											
月	日	种类	号数		数量	单价	金额										数量	单价	金额											数量	单价	金额									
							千	百	十	万	千	百	十	元	角	分			千	百	十	万	千	百	十	元	角	分				千	百	十	万	千	百	十	元	角	分

明细科目：

类　别：　　　　品名：　　　　计量单位：

年		凭证		摘要	借方												贷方												借或贷	余额											
月	日	种类	号数		数量	单价	金额										数量	单价	金额											数量	单价	金额									
							千	百	十	万	千	百	十	元	角	分			千	百	十	万	千	百	十	元	角	分				千	百	十	万	千	百	十	元	角	分

明细科目：

类　　别：　　　　品名：　　　　计量单位：

年		凭证		摘要	借方												贷方												借或贷	余额											
月	日	种类	号数		数量	单价	金额										数量	单价	金额											数量	单价	金额									
							千	百	十	万	千	百	十	元	角	分			千	百	十	万	千	百	十	元	角	分				千	百	十	万	千	百	十	元	角	分

明细科目：

类　　别：　　　　　品名：　　　　　计量单位：

年		凭证		摘要	借方													贷方													借或贷	余额												
月	日	种类	号数		数量	单价	金额											数量	单价	金额												数量	单价	金额									
							千	百	十	万	千	百	十	元	角	分				千	百	十	万	千	百	十	元	角	分					千	百	十	万	千	百	十	元	角	分

明细科目：

类　　别：　　　　品名：　　　　计量单位：

年		凭证		摘要	借方												贷方												借或贷	余额											
月	日	种类	号数		数量	单价	金额										数量	单价	金额											数量	单价	金额									
							千	百	十	万	千	百	十	元	角	分			千	百	十	万	千	百	十	元	角	分				千	百	十	万	千	百	十	元	角	分

明细科目：

类　　别：　　　　品名：　　　　计量单位：

年		凭证		摘要	借方												贷方												借或贷	余额											
月	日	种类	号数		数量	单价	金额										数量	单价	金额											数量	单价	金额									
							千	百	十	万	千	百	十	元	角	分			千	百	十	万	千	百	十	元	角	分				千	百	十	万	千	百	十	元	角	分

明细科目：

类　　别：　　　　品名：　　　　计量单位：

年		凭证		摘要	借方												贷方												借或贷	余额											
月	日	种类	号数		数量	单价	金额										数量	单价	金额											数量	单价	金额									
							千	百	十	万	千	百	十	元	角	分			千	百	十	万	千	百	十	元	角	分				千	百	十	万	千	百	十	元	角	分

明细科目：

类　　别：　　　　品名：　　　　计量单位：

年		凭证		摘要	借方												贷方												借或贷	余额											
月	日	种类	号数		数量	单价	金额										数量	单价	金额											数量	单价	金额									
							千	百	十	万	千	百	十	元	角	分			千	百	十	万	千	百	十	元	角	分				千	百	十	万	千	百	十	元	角	分

明细科目：

类　　别：　　　　品名：　　　　计量单位：

年		凭证		摘要	借方												贷方												借或贷	余额											
月	日	种类	号数		数量	单价	金额										数量	单价	金额											数量	单价	金额									
							千	百	十	万	千	百	十	元	角	分			千	百	十	万	千	百	十	元	角	分				千	百	十	万	千	百	十	元	角	分

明细科目：

类　　别：　　　　品名：　　　　计量单位：

年		凭证		摘要	借方												贷方												借或贷	余额											
月	日	种类	号数		数量	单价	金额										数量	单价	金额											数量	单价	金额									
							千	百	十	万	千	百	十	元	角	分			千	百	十	万	千	百	十	元	角	分				千	百	十	万	千	百	十	元	角	分

2.3.3 多栏式明细账

1. 多栏式明细账账簿启用及交接表

账簿启用及交接表

单位名称		印　　鉴
账簿名称	（第　　册）	中国琴岛家居用品有限公司
账簿编号		
账簿页数	本账簿共计　　页（页数检点人盖章　　）	
启用日期	公元　　年　　月　　日	

经管人员	负　责　人		主办会计		复　　核		记　　账	
	姓　　名	盖章	姓　　名	盖章	姓　　名	盖章	姓　　名	盖章

交接记录	经　管　人　员		接　　管				交　　出			
	职　　别	姓　　名	年	月	日	盖章	年	月	日	盖章

备注	

2. 多栏式明细账目录

目　录

编号	科　　目	起讫页码	编号	科　　目	起讫页码

3. 八栏明细账账页

……级科目……

……级科目……

年		凭证		摘要																																																																					
月	日	种类	号数		百	十	万	千	百	十	元	角	分	百	十	万	千	百	十	元	角	分	百	十	万	千	百	十	元	角	分	百	十	万	千	百	十	元	角	分	百	十	万	千	百	十	元	角	分	百	十	万	千	百	十	元	角	分	百	十	万	千	百	十	元	角	分	百	十	万	千	百	十	元	角	分

……级科目……

……级科目……

年		凭证		摘要								
月	日	种类	号数		百十万千百十元角分	百十万千百十元角分	百十万千百十元角分	百十万千百十元角分	百十万千百十元角分	百十万千百十元角分	百十万千百十元角分	百十万千百十元角分

……级科目……

……级科目……

年		凭证		摘要																																																																								
月	日	种类	号数		百	十	万	千	百	十	元	角	分	百	十	万	千	百	十	元	角	分	百	十	万	千	百	十	元	角	分	百	十	万	千	百	十	元	角	分	百	十	万	千	百	十	元	角	分	百	十	万	千	百	十	元	角	分	百	十	万	千	百	十	元	角	分	百	十	万	千	百	十	元	角	分

……级科目……

……级科目……

年		凭证		摘要																																																																								
月	日	种类	号数		百	十	万	千	百	十	元	角	分	百	十	万	千	百	十	元	角	分	百	十	万	千	百	十	元	角	分	百	十	万	千	百	十	元	角	分	百	十	万	千	百	十	元	角	分	百	十	万	千	百	十	元	角	分	百	十	万	千	百	十	元	角	分	百	十	万	千	百	十	元	角	分

…………级科目…………………………

…………级科目…………………………

年		凭证		摘要								
月	日	种类	号数		百十万千百十元角分	百十万千百十元角分	百十万千百十元角分	百十万千百十元角分	百十万千百十元角分	百十万千百十元角分	百十万千百十元角分	百十万千百十元角分

……级科目……

……级科目……

年		凭证		摘要																																																																							
月	日	种类	号数		百	十	万	千	百	十	元	角	分	百	十	万	千	百	十	元	角	分	百	十	万	千	百	十	元	角	分	百	十	万	千	百	十	元	角	分	百	十	万	千	百	十	元	角	分	百	十	万	千	百	十	元	角	分	百	十	万	千	百	十	元	角	分	百	十	万	千	百	十	元	角	分

……级科目……

……级科目……

年		凭证		摘要								
月	日	种类	号数		百十万千百十元角分	百十万千百十元角分	百十万千百十元角分	百十万千百十元角分	百十万千百十元角分	百十万千百十元角分	百十万千百十元角分	百十万千百十元角分

4. 十六栏明细账账页

年		凭证号数	摘要	1	2	3	4	5	6	7
月	日			百十万千百十元角分	百十万千百十元角分	百十万千百十元角分	百十万千百十元角分	百十万千百十元角分	百十万千百十元角分	百十万千百十元角分

……级科目编号及名称……

……级科目编号及名称……

8									9									10									11									12									13									14									15									16								
百	十	万	千	百	十	元	角	分	百	十	万	千	百	十	元	角	分	百	十	万	千	百	十	元	角	分	百	十	万	千	百	十	元	角	分	百	十	万	千	百	十	元	角	分	百	十	万	千	百	十	元	角	分	百	十	万	千	百	十	元	角	分	百	十	万	千	百	十	元	角	分	百	十	万	千	百	十	元	角	分

年		凭证	摘　要	1									2									3									4									5									6									7								
月	日	号数		百	十	万	千	百	十	元	角	分	百	十	万	千	百	十	元	角	分	百	十	万	千	百	十	元	角	分	百	十	万	千	百	十	元	角	分	百	十	万	千	百	十	元	角	分	百	十	万	千	百	十	元	角	分	百	十	万	千	百	十	元	角	分

…………级科目编号及名称……………………………………

…………级科目编号及名称……………………………………

8									9									10									11									12									13									14									15									16								
百	十	万	千	百	十	元	角	分	百	十	万	千	百	十	元	角	分	百	十	万	千	百	十	元	角	分	百	十	万	千	百	十	元	角	分	百	十	万	千	百	十	元	角	分	百	十	万	千	百	十	元	角	分	百	十	万	千	百	十	元	角	分	百	十	万	千	百	十	元	角	分	百	十	万	千	百	十	元	角	分

年		凭证号数	摘要	1	2	3	4	5	6	7
月	日			百十万千百十元角分	百十万千百十元角分	百十万千百十元角分	百十万千百十元角分	百十万千百十元角分	百十万千百十元角分	百十万千百十元角分

…………级科目编号及名称…………………………

…………级科目编号及名称…………………………

8									9									10									11									12									13									14									15									16								
百	十	万	千	百	十	元	角	分	百	十	万	千	百	十	元	角	分	百	十	万	千	百	十	元	角	分	百	十	万	千	百	十	元	角	分	百	十	万	千	百	十	元	角	分	百	十	万	千	百	十	元	角	分	百	十	万	千	百	十	元	角	分	百	十	万	千	百	十	元	角	分	百	十	万	千	百	十	元	角	分

年		凭证号数	摘要	1									2									3									4									5									6									7								
月	日			百	十	万	千	百	十	元	角	分	百	十	万	千	百	十	元	角	分	百	十	万	千	百	十	元	角	分	百	十	万	千	百	十	元	角	分	百	十	万	千	百	十	元	角	分	百	十	万	千	百	十	元	角	分	百	十	万	千	百	十	元	角	分

……级科目编号及名称……

……级科目编号及名称……

8									9									10									11									12									13									14									15									16								
百	十	万	千	百	十	元	角	分	百	十	万	千	百	十	元	角	分	百	十	万	千	百	十	元	角	分	百	十	万	千	百	十	元	角	分	百	十	万	千	百	十	元	角	分	百	十	万	千	百	十	元	角	分	百	十	万	千	百	十	元	角	分	百	十	万	千	百	十	元	角	分	百	十	万	千	百	十	元	角	分

年		凭证号数	摘要	1									2									3									4									5									6									7								
月	日			百	十	万	千	百	十	元	角	分	百	十	万	千	百	十	元	角	分	百	十	万	千	百	十	元	角	分	百	十	万	千	百	十	元	角	分	百	十	万	千	百	十	元	角	分	百	十	万	千	百	十	元	角	分	百	十	万	千	百	十	元	角	分

……级科目编号及名称……

……级科目编号及名称……

8									9									10									11									12									13									14									15									16								
百	十	万	千	百	十	元	角	分	百	十	万	千	百	十	元	角	分	百	十	万	千	百	十	元	角	分	百	十	万	千	百	十	元	角	分	百	十	万	千	百	十	元	角	分	百	十	万	千	百	十	元	角	分	百	十	万	千	百	十	元	角	分	百	十	万	千	百	十	元	角	分	百	十	万	千	百	十	元	角	分

2.3.4 应交增值税明细账

1. 应交增值税明细账账簿启用及交接表

账簿启用及交接表

单位名称		印　　鉴
账簿名称	（第　　册）	中国琴岛家居用品有限公司
账簿编号		
账簿页数	本账簿共计　　页（页数检点人盖章　　）	
启用日期	公元　　年　　月　　日	

经管人员	负责人		主办会计		复核		记账	
	姓名	盖章	姓名	盖章	姓名	盖章	姓名	盖章

交接记录	经管人员		接管				交出			
	职别	姓名	年	月	日	盖章	年	月	日	盖章

备注	

2. 应交增值税明细账账簿目录

目　　录

编号	科　　目	起讫页码	编号	科　　目	起讫页码

3. 应交增值税明细账账页

应交增值税

年		凭证号数	摘要	借方				
				进项税额	已交税费	转出未交增值税	减免税款	出口抵减内销产品应纳税额
月	日			百十万千百十元角分	百十万千百十元角分	百十万千百十元角分	百十万千百十元角分	百十万千百十元角分

明细账

借方																		贷方																																											方向	余额								
转出未交增值税									合计									销项税额									进项税额转出									出口退税									转出多交增值税									合计																		
百	十	万	千	百	十	元	角	分	百	十	万	千	百	十	元	角	分	百	十	万	千	百	十	元	角	分	百	十	万	千	百	十	元	角	分	百	十	万	千	百	十	元	角	分	百	十	万	千	百	十	元	角	分	百	十	万	千	百	十	元	角	分		百	十	万	千	百	十	元	角	分

应交增值税

年		凭证号数	摘要	借方																																										
				进项税额									已交税费									转出未交增值税									减免税款									出口抵减内销产品应纳税额								
月	日			百	十	万	千	百	十	元	角	分	百	十	万	千	百	十	元	角	分	百	十	万	千	百	十	元	角	分	百	十	万	千	百	十	元	角	分	百	十	万	千	百	十	元	角	分

明 细 账

借方																		贷方																																													方向	余额								
转出未交增值税									合计									销项税额									进项税额转出									出口退税									转出多交增值税									合计																		
百	十	万	千	百	十	元	角	分	百	十	万	千	百	十	元	角	分	百	十	万	千	百	十	元	角	分	百	十	万	千	百	十	元	角	分	百	十	万	千	百	十	元	角	分	百	十	万	千	百	十	元	角	分	百	十	万	千	百	十	元	角	分		百	十	万	千	百	十	元	角	分

应交增值税

年		凭证号数	摘要	借方																																												
				进项税额									已交税费									转出未交增值税									减免税款									出口抵减内销产品应纳税额								
月	日			百	十	万	千	百	十	元	角	分	百	十	万	千	百	十	元	角	分	百	十	万	千	百	十	元	角	分	百	十	万	千	百	十	元	角	分	百	十	万	千	百	十	元	角	分

明 细 账

借方																		贷方																																													方向	余额								
转出未交增值税									合计									销项税额									进项税额转出									出口退税									转出多交增值税									合计																		
百	十	万	千	百	十	元	角	分	百	十	万	千	百	十	元	角	分	百	十	万	千	百	十	元	角	分	百	十	万	千	百	十	元	角	分	百	十	万	千	百	十	元	角	分	百	十	万	千	百	十	元	角	分	百	十	万	千	百	十	元	角	分		百	十	万	千	百	十	元	角	分

第3章　财务报表等

3.1　资产负债表

资 产 负 债 表

会企 01 表

编制单位:中国琴岛家居用品有限公司　　年　月　日　　单位:元

资　产	期末余额	年初余额（略）	负债和股东权益	期末余额	年初余额（略）
流动资产:			流动负债:		
货币资金			短期借款		
以公允价值计量且其变动计入当期损益的金融资产			以公允价值计量且其变动计入当期损益的金融负债		
衍生金融资产			衍生金融负债		
应收票据及应收账款			应付票据及应付账款		
预付款项			预收款项		
其他应收款			应付职工薪酬		
存货			应交税费		
持有待售资产			其他应付款		
一年内到期的非流动资产			持有待售负债		
其他流动资产			一年内到期的非流动负债		
流动资产合计			其他流动负债		
非流动资产:			流动负债合计		
可供出售金融资产			非流动负债:		
持有至到期投资			长期借款		
长期应收款			应付债券		
长期股权投资			其中:优先股		

（续表）

资　产	期末余额	年初余额（略）	负债和股东权益	期末余额	年初余额（略）
投资性房地产			永续债		
固定资产			长期应付款		
在建工程			预计负债		
生产性生物资产			递延收益		
油气资产			递延所得税负债		
无形资产			其他非流动负债		
开发支出			非流动负债合计		
商誉			负债合计		
长期待摊费用			所有者权益（或股东权益）：		
递延所得税资产			实收资本（或股本）		
其他非流动资产			其他权益工具		
非流动资产合计			其中：优先股		
			永续债		
			资本公积		
			减：库存股		
			其他综合收益		
			盈余公积		
			未分配利润		
			所有者权益（或股东权益）合计		
资产总计			负债及所有者权益（或股东权益）总计		

3.2　利润表

利　润　表

会企 02 表

编制单位：中国琴岛家居用品有限公司　　　年　　月　　　单位：元

项　　目	本期金额	上期金额
一、营业收入		
减：营业成本		
税金及附加		
销售费用		
管理费用		
研发费用		
财务费用		
其中：利息费用		
利息收入		
加：其他收益		
投资收益（损失以“—”号填列）		
公允价值变动收益（损失以“—”号填列）		
资产处置收益（损失以“—”号填列）		
二、营业利润（亏损以“—”号填列）		
加：营业外收入		
减：营业外支出		
三、利润总额（亏损总额以“—”号填列）		
减：所得税费用		
四、净利润（净亏损以“—”号填列）		
（一）持续经营净利润（净亏损以“—”号填列）		
（二）终止经营净利润（净亏损以“—”号填列）		
五、其他综合收益的税后净额		
（一）不能重分类进损益的其他综合收益		
1. 重新计量设定受益计划变动额		
……		
（二）将重分类进损益的其他综合收益		
……		
六、综合收益总额		
七、每股收益		
（一）基本每股收益		
（二）稀释每股收益		

3.3 现金流量表

现 金 流 量 表

会企 03 表

编制单位:中国琴岛家居用品有限公司　　　　年　　月　　　　单位:元

项　　目	本期金额	上期金额
一、经营活动产生的现金流量:		
销售商品、提供劳务收到的现金		
收到的税费返还		
收到其他与经营活动有关的现金		
经营活动现金流入小计		
购买商品、接受劳务支付的现金		
支付给职工以及为职工支付的现金		
支付的各项税费		
支付其他与经营活动有关的现金		
经营活动现金流出小计		
经营活动产生的现金流量净额		
二、投资活动产生的现金流量:		
收回投资收到的现金		
取得投资收益收到的现金		
处置固定资产、无形资产和其他长期资产收回的现金净额		
处置子公司及其他营业单位收到的现金净额		
收到其他与投资活动有关的现金		
投资活动现金流入小计		
购建固定资产、无形资产和其他长期资产支付的现金		
投资支付的现金		
取得子公司及其他营业单位支付的现金净额		
支付其他与投资活动有关的现金		
投资活动现金流出小计		
投资活动产生的现金流量净额		
三、筹资活动产生的现金流量:		
吸收投资收到的现金		
取得借款收到的现金		
收到其他与筹资活动有关的现金		
筹资活动现金流入小计		
偿还债务支付的现金		
分配股利、利润或偿付利息支付的现金		
支付其他与筹资活动有关的现金		
筹资活动现金流出小计		
筹资活动产生的现金流量净额		
四、汇率变动对现金及现金等价物的影响		
五、现金及现金等价物净增加额		
加:期初现金及现金等价物余额		
六、期末现金及现金等价物余额		

3.4 科目汇总表

科目汇总表

年 月 日至 日 第（ ）号

会计科目	借方										贷方										过账	备注
	千	百	十	万	千	百	十	元	角	分	千	百	十	万	千	百	十	元	角	分		

财务经理： 记账： 复核： 制表：

科目汇总表

年　　月　　日至　　日　　　　　　　　第(　　)号

会计科目	借方										贷方										过账	备注
	千	百	十	万	千	百	十	元	角	分	千	百	十	万	千	百	十	元	角	分		

财务经理：　　　　记账：　　　　复核：　　　　制表：

科目汇总表

年　　月　　日至　　日　　　　第(　　)号

会计科目	借方										贷方										过账	备注
	千	百	十	万	千	百	十	元	角	分	千	百	十	万	千	百	十	元	角	分		

财务经理：　　　　　　记账：　　　　　　复核：　　　　　　制表：

科目汇总表

年　　月　　日至　　日　　　　　　　　第(　　)号

会计科目	借方										贷方										过账	备注
	千	百	十	万	千	百	十	元	角	分	千	百	十	万	千	百	十	元	角	分		

财务经理：　　　　　　记账：　　　　　　复核：　　　　　　制表：